RÉPUBLIQUE DOMINICAINE

D1539338

Libre Expression
QUEBECOR MEDIA

Gauche **Planche à voile, Cabarete** Centre **Église, La Romana** Droite **Maisons victoriennes,**

TRADUIT ET ADAPTÉ DE L'ANGLAIS PAR
Étienne Duhamel

Ce guide *Top 10* a été établi par
James Ferguson

Publié pour la première fois
en Grande-Bretagne en 2005 sous le titre :
*Eyewitness Top 10 Travel Guides :
Top 10 Dominican Republic*
© Dorling Kindersley Limited,
Londres 2005

© Éditions Libre Expression, 2007
pour la traduction et l'édition française
au Canada

Tous droits de traduction, d'adaptation et
de reproduction réservés pour tous pays.

Éditions Libre Expression
1055, boul. René-Lévesque Est,
Bureau 800, Montréal (Québec) H2L 4S5

IMPRIMÉ ET RELIÉ EN CHINE PAR
LEO PAPER PRODUCTS LTD

Dépôt légal :
Bibliothèque et Archives nationales
du Québec, 2007
ISBN 978-2-7648-0357-8

Le classement des différents sites
est un choix de l'éditeur et n'implique
ni leur qualité ni leur notoriété.

Sommaire

République dominicaine Top 10

Aussi soigneusement qu'il ait été établi,
ce guide n'est pas à l'abri des
changements de dernière heure.
Faites-nous part de vos remarques,
informez-nous de vos découvertes
personnelles : nous accordons
la plus grande attention
au courrier de nos lecteurs.

Gauche **Statue de San Juan de la Maguana** Centre **Playa El Macao** Droite **Calle del Sol,**

Gauche **Exposition, Museo de Arte, Bonao** Droite **Bateau près d'El Morro**

RÉPUBLIQUE DOMINICAINE TOP 10

RÉPUBLIQUE DOMINICAINE TOP 10

🔟 À ne pas manquer

La République dominicaine est un pays aux contrastes surprenants et aux nuances extraordinaires. Depuis le sommet frisquet de la plus haute montagne des Caraïbes jusqu'aux plages les plus charmantes de la région, le pays est une succession de vallées, de cascades et de déserts. Le présent et le passé se côtoient grâce à un amalgame fascinant de constructions coloniales et d'hôtels modernes, de régions rurales endormies et de centres de villégiature agités. Les influences espagnoles, africaines et indigènes se reflètent à travers la musique, l'art et le sport de cette culture où créativité et plaisir vont de pair.

1 Saint-Domingue : la Zona Colonial

Parsemé d'édifices coloniaux restaurés et de places publiques ombragées, ce joyau historique nous rappelle une époque révolue à travers de nombreux vestiges bien préservés *(p. 8-9)*.

2 Saint-Domingue : la ville moderne

Avec ses rues centrales bondées, ses charmantes banlieues et ses parcs paisibles, cette métropole moderne embrasse aussi bien des galeries d'art que des centres commerciaux de style américain *(p. 10-11)*.

3 Constanza et « les Alpes dominicaines »

À deux heures de la capitale, l'intérieur accidenté du pays constitue le paradis des randonneurs. Ses prairies et ses rivières, entourées de forêts et de montagnes, abritent le Pico Duarte, le plus haut sommet des Caraïbes *(p. 12-13)*.

4 Santiago

Seconde ville du pays, Santiago possède une ambiance différente de la tumultueuse capitale. Ses rues regorgent de monuments qui rappellent son passé de ville du tabac *(p. 14-15)*.

Puerto Plata

5 Occupant une place importante dans l'histoire coloniale, ce port de la côte septentrionale constitue également le cœur des florissants complexes touristiques. On y retrouve une intéressante combinaison de distractions et de visites guidées, dont la Forteresse de San Felipe, La Glorieta ainsi que le Museo del Ambar *(p. 16-17)*.

La Isabela Bay

6 Point de départ de la colonisation européenne en Amérique, cette jolie baie fait revivre l'histoire des premiers pas de Colomb et compte de magnifiques plages, comme la Playa Isabela et la plage de Punta Cana *(p. 18-19)*.

Las Terrenas

7 L'un des endroits les plus à la mode du pays, cet ancien petit village de pêcheurs entouré de plages idylliques attire les voyageurs autonomes et les vacanciers à la recherche de soleil *(p. 20-21)*.

Costa del Coco

8 Représentant le côté moderne du tourisme dominicain, ce long littoral paradisiaque de sable blanc et de palmiers caressés par la brise abrite un éventail de centres de villégiature tout-inclus. Un véritable paradis pour véliplanchistes et surfeurs *(p. 22-23)*.

La Romana

9 Cette ville issue du commerce du sucre compte aujourd'hui l'un des centres de villégiature les plus luxueux du pays, la Casa de Campo, ainsi qu'un inoubliable village d'inspiration toscane, Altos de Chavón *(p. 24-25)*

Lago Enriquillo

10 Mer intérieure salée entourée de cactus, de crocodiles et d'iguanes géants apprivoisés, cette merveille naturelle mérite d'être visitée en bateau *(p. 26-27)*.

⑩ Saint-Domingue : la Zona Colonial

La Zona Colonial représente le cœur historique de Saint-Domingue. Ses rues pavées et ses places ombragées renferment les plus vieux édifices coloniaux de l'Occident, dont la cathédrale. Parcourir la Calle de las Damas, c'est revivre le temps où les conquistadors espagnols firent de Saint-Domingue le quartier général de la conquête de l'Amérique latine. Cette zone regorge aussi de boutiques, de restaurants et de cafés, dont plusieurs ont élu domicile dans des constructions de la période coloniale. Le quartier est également résidentiel, comme en font foi les familles qui profitent de la fraîcheur de la soirée pour s'asseoir à l'extérieur.

Chapeau de paille en vente au Parque Colón

● Le tumultueux Café El Conde, près du Parque Colón, n'est peut-être pas l'établissement le plus luxueux en ville, mais il s'avère idéal pour casser la croûte ou prendre un rafraîchissement.

● Les shorts et les maillots de bain ne sont pas de mise au centre-ville, surtout dans les églises et au Panthéon. Même les Dominicains les plus démunis s'habillent avec élégance et n'en espèrent pas moins des touristes.

• Carte N3
• Torre del Homenaje : Fortaleza Ozama ; Ouv. de 9h-18h ; EP 0,50$
• Le Panthéon national : Ouv. lun.-sam., 9h-12h et 14h30-17h30 ; EG
• Alcázar de Colón : Ouv. mar.-sam., 9h-12h et 14h30-17h30; EP 1$
• Casa del Cordón : Ouv. lun.-ven., 9h-17h; cour intérieure seul. ; EG

À ne pas manquer

1. La cathédrale
2. Torre del Homenaje
3. Parque Colón
4. Calle de las Damas
5. Panthéon national
6. Hostal Nicolás de Ovando
7. Las Atarazanas
8. Alcázar de Colón
9. Las Casas Reales
10. Casa del Cordón

La cathédrale
Ce croisement exubérant des styles gothique et classique date de 1540. Elle a survécu aux tremblements de terre et aux attaques de pirates et Colomb avait apparemment l'habitude de s'y reposer. De magnifiques monuments s'y trouvent.

Torre del Homenaje
Tour de guet construite en 1503, la Tour de l'Hommage (à droite) servait à surveiller les bateaux des pirates avant de devenir une prison pendant la dictature de Trujillo (p. 31).

Parque Colón
Nommé en l'honneur de Colomb, cet espace ouvert est dominé par la statue de l'explorateur. Les cafés de la place publique sont excellents pour observer les allers et venues des gens.

Calle de las Damas
Cette voie pavée médiévale bordée de musées et d'églises comprend certains des édifices les mieux restaurés de la vieille ville.

5 Panthéon national
Jadis un monastère jésuite, cette construction néo-classique commémore les héros de l'indépendance du pays. Une ambiance solennelle emplit le vaste intérieur marbré où un soldat en uniforme monte la garde près de la flamme éternelle.

6 Hostal Nicolás de Ovando
Cet hôtel récemment restauré *(à gauche)* et avec vue sur le fleuve Ozama, dont les balcons et la fontaine andalouse datent de la construction originale, est situé dans le manoir du premier gouverneur de la colonie.

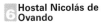

7 Las Atarazanas
Ensemble d'anciens entrepôts transformés en boutiques et en restaurants *(à gauche)*, ces édifices du XVIᵉ s. abritent un musée qui dépeint la vie marine à l'époque coloniale et expose quelques objets récupérés du galion Concepción.

8 Alcázar de Colón
Ce palais seigneurial à deux étages construit par le fils de Christophe Colomb, Diego, surplombe le fleuve et la grande Plaza España. Ce manoir de style maure constitue le site colonial le plus impressionnant de Saint-Domingue.

La destruction de Drake
L'âge d'or de l'époque coloniale de Saint Domingue prit abruptement fin en 1586 lorsque la flotte de 20 embarcations de Sir Francis Drake remonta le fleuve. Ne trouvant aucune résistance sur leur passage, les Anglais s'engagèrent dans une orgie de démolition et de pillage d'un mois.

9 Las Casas Reales
Ce manoir du début du XVIᵉ s., maintenant un musée, fut le siège de la cour suprême. Jetez un coup d'œil au cadran solaire, qui fut apparemment installé pour permettre aux juges de consulter l'heure.

10 Casa del Cordón
La Maison de la Corde (à droite) serait dit-on le premier bâtiment à deux étages en Amérique. Diego Colomb y vécut durant la construction de son palais. Sa façade est ornée d'un motif de corde taillé dans la pierre.

TOP 10 Saint-Domingue : la ville moderne

Au-delà de la Zona Colonial se trouve une métropole trépidante de plus de deux millions d'habitants dont les banlieues prestigieuses flirtent avec les bidonvilles et où les parcs et musées tranquilles contrastent avec les embouteillages frénétiques. La ville s'étend du fleuve au littoral et est constituée de quartiers populaires du XIXᵉ s. ainsi que de vastes zones commerciales huppés et modernes. Les influences espagnoles et caraïbes d'autrefois, exprimées à travers les balcons en fer forgé et les sculptures de bois, cèdent leur place aux immeubles de bureaux en béton et aux banlieues.

Statue au Parque Mirador del Sur

Calèche au Malecón

🍹 Situé au coin de la Calle del Conde et de la Calle Hostos, le bar de l'hôtel Mercure Comercial représente une oasis pour les touristes fatigués.

✅ Pour une visite guidée du Palacio Nacional, appelez au 686 1325, poste 340. L'obtention d'une permission peut tarder quelques jours (tenue vestimentaire convenable).

• Carte E4
• Museo del Hombre Dominicano : Plaza de la Cultura ; 688 9700 ; Ouv. mar.-dim., 10h-17h ; EP 1 $
• Palacio de Bellas Artes : Máximo Gónez e Independencia ; 682 1325 ; t.l.j. ; EG
• Jardín botanique : Av. Jardín Botánico ; Ouv. mar.-sam., 9h-18h ; EP 1 $
• Phare de Colomb : Ouv. de 9h-17h ; EP 1 $

À ne pas manquer

1. Le Malecón
2. Ciudad Nueva
3. Calle El Conde
4. Gazcue
5. Museo del Hombre Dominicano
6. Palacio Nacional
7. Palacio de Bellas Artes
8. Jardin botanique
9. Parque Mirador del Sur
10. Phare de Colomb (Faro a Colón)

1 Le Malecón
S'étendant sur plusieurs kilomètres à l'est du port, le Malecón ou la Avenida George Washington, est un boulevard de bord de mer venteux flanqué d'hôtels, de restaurants et de bars *(ci-dessus et p. 52).*

2 Ciudad Nueva
Situé près de la Zona Colonial, ce quartier aux rues et aux places restreintes présente quelques-uns des plus beaux spécimens architecturaux du XIXᵉ s. et conserve l'ambiance des barrios traditionnels.

3 Calle El Conde
Principale rue commerciale de la vieille ville, cette artère piétonnière, bordée de boutiques et de bureaux, est reconnue pour ses bijouteries et ses chausseurs, et aussi pour sa musique dominicaine et son artisanat haïtien *(p. 52).*

Gazcue

Banlieue verdoyante de la classe moyenne datant des années 1930, Gazcue mélange excentriquement les styles architecturaux avec des imitations de chalet, des maisons à colombages de style anglais ainsi que de nombreux cafés et galeries d'art.

Mueso del Hombre Dominicano

Faisant partie du complexe moderniste de la Plaza de la Cultura, cette collection d'objets révèle des rituels et des aspects de la vie quotidienne du peuple taïno précolombien *(à droite et p. 34).*

Parque Mirador del Sur

Véritable paradis pour les coureurs et les marcheurs, ce parc se situe dans le riche district diplomatique. La falaise de castine du côté Nord présente une série de grottes dans lesquelles se trouvent un restaurant et la boîte de nuit Guácara Taína.

Phare de Colomb (Faro a Colón)

Inauguré en 1992 pour célébrer le 500e anniversaire de l'arrivée de Colomb, ce monument de marbre *(ci-dessus)* s'est attiré les plus vives critiques. Peut-être fut-il un gaspillage d'argent, mais la magnitude de cette construction cruciforme ne cesse d'impressionner.

Palacio Nacional

Il possible de visiter le Palacio Nacional néoclassique des années 1940 *(ci-dessus),* avec son mobilier d'acajou et ses halls de miroirs. Il héberge aujourd'hui différents ministères du gouvernement.

Palacio de Bellas Artes

Une façade néoclassique sert de préambule au quartier général du patrimoine des Beaux-Arts de la ville. Les peintures murales de l'escalier sont l'œuvre de José Vela Zanetti.

Jardin botanique

Situé dans la banlieue Nord de Arroyo Hondo, le jardin de 450 acres *(ci-dessus)* étale la richesse tropicale de la flore du pays avec ses palmiers, son jardin japonais et plus de 300 variétés d'orchidées.

Le phare de Gleave

J.L. Gleave s'imposa devant ses 450 rivaux pour remporter en 1929 un concours visant à commémorer la découverte de Colomb. Les fonds furent insuffisants pour que le projet soit mis de l'avant. Les travaux ne commencèrent qu'en 1986.

TOP 10 Constanza et « les Alpes dominicaines »

Les hautes terres fraîches situées à l'intérieur du pays, à quelque 80 kilomètres de la chaleur tropicale de Saint-Domingue, font partie d'un tout autre monde. Couronnée par la dominante cordillère centrale, la chaîne de montagnes qui forme l'épine dorsale de l'île, cette région, avec ses parcs protégés, ses cours d'eau et ses vallées, est un véritable paradis pour les amants de la nature. Le Pico Duarte, la plus haute montagne des Caraïbes, domine le panorama. Le doux climat favorise la culture de petits fruits, comme les fraises, mais les gelées dans ces hautes altitudes ne sont pas rares.

Fraises

🚲 Le chemin de 50 km entre Jarabacoa et Constanza est considéré comme impraticable pour la plupart des véhicules, mais Iguana Mama *(p. 127)* propose des excursions d'une journée à bicyclette dans des pistes atteignant 1676 m d'altitude.

Les conducteurs devraient faire le plein en ville car il n'existe aucune station-service dans les chemins de montagne isolés et parfois infranchissables autour de Jarabacoa et Constanza.

• *Carte C3*
• *Rancho Baiguate : 574 6890; www. ranchobaiguate.com.*
• *Salto de Jimenoa : Ouv. 9h-17h; EP 0,50 $*
• *Salto de Baiguate : Ouv. 9h-17h; EG*
• *Parque Nacional Armando Bermúdez : EP 5 $; guide officiel requis.*

À ne pas manquer

1 Jarabacoa
2 Balneario La Confluencia
3 Rancho Baiguate
4 Salto de Jimenoa
5 Salto de Baiguate
6 Constanza
7 Parque Nacional Armando Bermúdez
8 Reserva Científica Valle Nueva
9 Salto Agua Blanca
10 Pico Duarte

1 Jarabacoa
Autrefois un village d'agriculteurs isolé, cette petite ville est maintenant un lieu de refuge estival pour les randonneurs et les sportifs. La proximité du Río Yaque del Norte attire baigneurs et rafteurs *(p. 40)*.

2 Balneario La Confluencia
Ce bassin naturel *(ci-dessous)*, situé tout juste à l'extérieur de Jarabacoa, s'est formé au confluent des rivières Yaque del Norte et Jimenoa, près d'un parc ombragé. Les eaux peuvent être agitées lorsque le niveau des cours d'eau est élevé.

3 Rancho Baiguate
Centre d'aventures le mieux organisé de la région, ce complexe rustique *(ci-dessous)* situé sur les rives d'une rivière offre une gamme d'activités et d'excursions, de même que de l'hébergement, une piscine et une galerie d'art dominicain. Les visiteurs d'une journée sont bienvenus.

4 Salto de Jimenoa

Un étroit et haut pont suspendu mène à cette chute de 40 m. Les eaux froides du Río Yaque del Norte tourbillonnent bruyamment dans le bassin invitant du canyon rocheux entouré de luxuriante végétation. Un casse-croûte est ouvert les week-ends pour les visiteurs.

5 Salto de Baiguate

Une promenade dans un sentier débouchant sur le bord d'un ravin vous mènera là où une rivière torrentielle vient terminer sa course au fond d'un bassin (à gauche); facilement accessible à cheval.

6 Constanza

Située dans une vallée, la ville de Constanza est le point de départ idéal pour les randonneurs. Centre de l'économie agricole de la région, elle possède un marché achalandé de producteurs.

7 Parque Nacional Armando Bermúdez

Cette réserve de 750 km² (ci-dessus), héberge une variété ahurissante de flore et de faune. La station de forestiers de La Ciénaga constitue le point de départ des randonnées organisées.

8 Reserva Científica Valle Nueva

La route de montagne vertigineuse et accidentée entre Constanza et San José de Ocoa traverse cette zone protégée et éloignée où d'épaisses forêts de pins abritent d'innombrables espèces d'oiseaux.

9 Salto Agua Blanca

Une longue randonnée à travers ce terrain montagneux est largement récompensée par cette spectaculaire chute de plus de 150 m, dont les eaux blanches tombent dans un bassin. En face du canyon, la végétation s'accroche aux parois rocheuses.

10 Pico Duarte

Nommé en l'honneur du père de l'indépendance, le sommet de cette montagne, dont la première ascension officielle date de 1944, est souvent enveloppé de nuages.

Les Dominicains d'origine japonaise

Dans les années 1950, le gouvernement dominicain fit venir 200 familles japonaises pour former une colonie agricole à Constanza dans le but de relancer l'économie de la ville. Certains de leurs descendants habitent toujours la région. Cependant, la Colonia Japonesa d'origine est aujourd'hui presque totalement abandonnée.

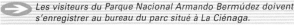

Les visiteurs du Parque Nacional Armando Bermúdez doivent s'enregistrer au bureau du parc situé à La Ciénaga.

TOP 10 Santiago

Santiago de los Caballeros représente la deuxième ville en importance de la République dominicaine. Depuis sa fondation en 1495 par 30 aristocrates espagnols, cette métropole affairée s'est toujours considérée comme plus riche et plus travaillante que la capitale. Sise dans la fertile vallée de Cibao, Santiago a été tout au long de son histoire le cœur de la richesse agricole du pays et ses familles millionnaires doivent leur fortune à la culture de cannes à sucre et de tabac. La ville est plus tranquille que Saint-Domingue sauf sur la Calle del Sol et dans les environs du Monumento a los Héroes de la Restauración.

Calle del Sol

🍵 Les cafés et restaurants les plus courus de Santiago sont tous autour de la Calle del Sol. Les week-ends, la rue se transforme souvent en bruyante discothèque extérieure

🚬 En semaine, l'usine de tabac Aurora Tabacalera, sur l'Avenida 27 de Febrero, est ouverte au public. Vous pouvez goûter aux exportations régionales et voir comment sont roulés les cigares.

• Carte C2
• Palacio Consistorial : Ouv. mar.-ven., 9h-12h et 14h-18h ; EG
• Mueso del tabaco : Ouv. lun.-ven., 9h-12h et 14h-17h et. sam., 9h-12h ; EG
• Monumento a los Héroes de la Restauración : Ouv. mar.-sam., 9h-12h et 14h-17h ; EG
• Rhumerie Bermúdez : Ouv. lun.-ven., 9h-12h et 14h-17h ; EG, sur rendez-vous

À ne pas manquer

1. Parque Duarte
2. Cathédrale
3. Centro de Recreo
4. Calle del Sol
5. Palacio Consistorial
6. Mercado Modelo
7. Monumento a los Héroes de la Restauración
8. Museo del Tabaco
9. Gran Teatro del Cibao
10. Rhumerie Bermúdez

1 Parque Duarte
Situé au cœur du Vieux-Santiago, cet espace vert constitue un lieu de rencontre pour les habitants de la ville et un bon endroit pour observer les gens *(ci-dessus)*. Vous pouvez en profiter pour louer une calèche et visiter le coin ou pour acheter un CD de merengue.

1839-1897

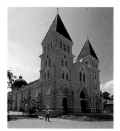

2 Cathédrale
La Catedral Santiago Apóstol *(à gauche)*, datant du xixᵉ s., se distingue par ses teintes pastel, mais plus encore par ses vitraux modernes. Ulises Heureaux *(p. 31)*, l'un des présidents dictatoriaux du pays natif de la région, repose ici dans un tombeau de marbre.

Centro de Recreo

Ce club privé de style mudéjar, à saveur maure exotique et inattendue, témoigne de la richesse des magnats du sucre des années 1890. La façade ornée d'arches et de piliers dissimule l'intérieur opulent de la grande salle de bal aux plafonds en bois sculpté.

Calle del Sol

Cette artère urbaine de Santiago est bordée de grands magasins, d'hôtels et de vendeurs ambulants. Le soir, les boutiquiers et les travailleurs cèdent leur place aux vacanciers en quête de distraction dans l'un des nombreux bars et restaurants *(p. 55)*.

Palacio Consistorial

Cette fière construction urbaine, jadis l'hôtel de ville et maintenant un musée et une galerie d'art, est un excellent exemple de la symétrie des maisons néoclassiques.

Mercado Modelo

Cette construction verte et blanche des années 1940 est l'équivalent, en plus petit, du marché couvert de Saint-Domingue.

Monumento a los Héroes de la Restauración

Le Monument aux Héros *(à gauche)* met en évidence un pilier de 70 m chapeauté d'une figure allégorique de Victoire. L'édifice de marbre, commandé par Trujillo, contient des fresques de Vela Zanetti inspirées du mexicain Diego Rivera.

Museo del Tabaco

Le rôle historique de Santiago dans la production de cigares est exposé dans cet ancien entrepôt de tabac. Les visiteurs en apprennent plus sur la culture et la confection de cigares.

Gran Teatro del Cibao

Autre folie monumentale, ce théâtre moderne recouvert de marbre, construit dans les années 1980, constitue l'héritage laissé par le président Balaguer *(p. 31)*, également responsable du Faro a Colón. Il accueille parfois des troupes d'opéra.

Rhumerie Bermúdez

Située dans la banlieue Nord de Pueblo Nuevo, la rhumerie Bermúdez *(cidessus)*, l'une des marques les plus importantes du pays, se fait un plaisir de vous accueillir. Les visites gratuites se terminent normalement autour d'un cocktail gratuit.

La lutte pour la liberté

Santiago joua un rôle crucial dans l'expulsion des Espagnols suite à l'annexion du pays en 1863. Une armée de plus de 5 000 guerriers assiégea la garnison espagnole jusqu'à sa reddition. Un gouvernement provisionnel s'établit à Santiago peu de temps après qu'un incendie eut détruit presque totalement la ville.

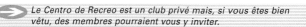

Le Centro de Recreo est un club privé mais, si vous êtes bien vêtu, des membres pourraient vous y inviter.

꘎⃞ Puerto Plata

Le « Port d'argent » est situé entre l'océan Atlantique et le Pico Isabel de Torres. Ses origines remontent à 1502 mais il fallut attendre les années 1970 pour que cette ville ressurgisse du passé grâce à l'avènement du tourisme. Les centres de villégiature de Playa Dorada et Sosúa attirent chaque année des régiments de visiteurs qui ne voudraient jamais manquer une visite du centre-ville coloré de Puerto Plata, avec son architecture, ses galeries et ses restaurants de la période victorienne. Le quartier central composé de petites rues serrées tient ses origines du bref essor de l'industrie du tabac au xixe s.

Objets d'art au Musée d'art taïno

🅐 **Sam's Bar & Grill,** au 34 Calle Ariza, propose de bons plats et constitue un lieu privilégié pour obtenir des renseignements sur la région.

🅑 **Le téléphérique** peut être fermé lorsque la température est mauvaise. Les files d'attente sont longues durant la haute saison.

• Carte C1
• Forteresse de San Felipe : Ouv. 8h-16h ; EP 1 $
• Musée d'art taïno : Ouv. lun.-ven., 9h-17h ; EG
• Museo del Ambar : Ouv. lun.-sam., 9h-17h ; EP 1,50 $
• Rhumerie Brugal : Ouv. lun.-ven., 9h-12h et 14h-17h ; EG
• Téléphérique : Ouv. lun.-sam., 9h-16h ; EP 3 $

À ne pas manquer

1. Forteresse de San Felipe
2. Malecón
3. Parque Central
4. La Glorieta
5. Musée d'art taïno
6. Cathédrale de San Felipe
7. Museo del Ambar
8. Rhumerie Brugal
9. Pico Isabel de Torres
10. Téléphérique

1 Forteresse de San Felipe

Solide bastion dont l'objectif était de dissuader les pirates en maraude durant le xvie s., ce fort de pierre restauré est le plus vieux du nouveau continent. Il contient un canon et d'autres armes de la période coloniale. Il est possible de visiter son musée, ses tours et ses tourelles.

2 Malecón

Dominé par la statue équestre du Général Gregorio Luperón, l'un des héros de l'indépendance, le Malecón, lieu de prédilection des promeneurs et des patineurs à roues alignées, offre une superbe vue sur l'océan et sur les montagnes en plus d'accueillir annuellement un festival de merengue *(p. 51)*.

3 Parque Central

Entouré de constructions victoriennes blanchies à la chaux, ce parc représente le cœur du vieux Puerto Plata. Il s'agit aussi d'un endroit agréable pour s'asseoir dans un café ou sur un banc de parc. La plupart des édifices de la ville sont agglomérés autour du parc.

4 La Glorieta

Cette reconstruction des années 1960 de la glorieta originale *(ci-dessous)* constitue le point de convergence de la place. Le pavillon de musique à deux étages symétriques en bois blanc et vert fut construit selon un plan belge datant de 1872.

5 Musée d'art taïno
Faisant partie d'un grand complexe d'art et d'artisanat appelé Plaza Arawak, cette collection d'objets précolombiens nous ouvre les portes des croyances religieuses des indigènes de l'île.

Bahia de
Puerto Plata

6 Cathédrale de San Felipe
La cathédrale à deux tours jumelles de San Felipe Apóstol *(ci-dessus)*, dont le ravalement récent découle du tremblement de terre de 2003, est un croisement réussi entre le style traditionnel colonial et l'Art déco.

9 Pico Isabel de Torres
Ce sommet d'environ 850 m offre un panorama époustouflant sur la ville et sur le littoral. Une petite version du Corcovado de Río contemple silencieusement l'horizon et le jardin botanique s'avère l'endroit idéal pour une balade.

10 Téléphérique
Le teleférico *(ci-dessus)* représente le moyen le plus grandiose d'atteindre le sommet. Un trajet de 20 minutes au-dessus de versants boisés dans le seul téléphérique des Caraïbes, avec une vue merveilleuse sur Puerto Plata et sur l'océan Atlantique.

AMBER MUSEUM

7 Museo del Ambar
Situé dans le magnifique manoir d'un magnat du tabac allemand, ce musée *(ci-dessus)* se veut une vitrine sur l'industrie régionale de l'ambre. On y retrouve des bijoux faits à la main de même qu'un lézard fossilisé depuis des millénaires dans un lumineux bloc de la précieuse résine.

8 Rhumerie Brugal
Une visite de cette rhumerie datant de 1880 révèle l'étendue de la longue histoire d'amour entre les Dominicains et le rhum. La chaîne de production est impressionnante, mais le fait saillant demeure le cocktail gratuit.

L'essor du tabac
Une montée soudaine des prix mondiaux du tabac transforma le sort de la ville de Puerto Plata dans les années 1870. Le port attira les marchands, dont plusieurs Allemands qui firent le commerce du tabac de Cibao. Leurs opulentes demeures, dont plusieurs sont maintenant décrépies, rappellent une époque où la ville était la plus riche des Caraïbes.

10 La Isabela Bay

Sise entre les paysages les plus accidentés du pays et bordée de magnifiques plages, La Isabela constituerait le site du premier établissement colonial permanent en Amérique. Une baie protège cette placide étendue d'eau alors que la plage blanche immaculée ressemble probablement à ce que Christophe Colomb découvrit en 1493, lorsqu'il décida d'y établir une ville en l'honneur de la reine espagnole de l'époque. Les ruines excavées de La Isabela laissent une puissante impression de ce moment décisif, bien que l'emplacement soit déjà spécial. Une randonnée dans les territoires éloignés ne manquera pas d'être récompensée par un panorama inoubliable sur un endroit qui changea le cours de l'histoire.

Parque Nacional Histórico La Isabela

🌀 Les guides « officiels » du parc national ne servent que d'accompagnateur et s'attendent à recevoir un pourboire.

Les routes autour de La Isabela sont couvertes de nids-de-poule et sont souvent encombrées par des troupeaux de chèvres. La conduite après la tombée de la nuit est fortement déconseillée.

• Carte B1
• Parque Nacional Histórico La Isabela : Ouv. 8h-17h ; EP 3 $
• Musée : Ouv. lun.-sam., 9h-17h30 ; EP 2 $
• Templo de las Américas : Ouv. 9h-17h ; EG
• Cayo Paraíso : www.cayoparaiso.com

À ne pas manquer

1 Parque Nacional Histórico La Isabela
2 Le premier établissement
3 La maison de Colomb
4 Cimetière
5 Musée
6 Playa Isabela
7 Templo de las Américas
8 Laguna Estero Hondo
9 Plage Punta Rucia
10 Cayo Paraíso

1 Parque Nacional Histórico La Isabela
Parc national protégé et fouillé depuis les années 1950, ce site des premiers établissements coloniaux est situé sur un promontoire de sable parsemé d'acacias où s'entrecroisent des sentiers qui guident les visiteurs autour des vestiges architecturaux.

2 Le premier établissement
De petits murs *(à droite)* délimitent les fondations des structures de La Isabela, dont ce qui pourrait être une chapelle, un entrepôt, un hôpital rudimentaire et une tour de guet.

3 La maison de Colomb
Surplombant le site se trouve l'emplacement original de la résidence de Colomb. Recouvertes par un toit de chaume, les ruines *(ci-dessus)* démontrent que l'explorateur vécut dans une modeste habitation.

Cimetière

4 Le premier cimetière chrétien du Nouveau Monde *(ci-dessus)* se situe dans un endroit pittoresque au bord de la mer. Les Espagnols autant que les Taïnos furent enterrés ici et dans une tombe se trouve le squelette d'un chrétien exhumé.

Playa Isabela

6 Cette plage, où la rivière Bajabonico se jette dans la mer, est une frange de sable inaltérée. Arrivez-y bien préparé car elle n'est pas aménagée pour le tourisme *(à droite et p. 44)*.

Templo de las Américas

7 Cette église de style colonial *(ci-dessous)*, construite en 1990, est faite de briques et de pierres blanchies à la chaux. Le pape Jean-Paul II y célébra une messe en 1992.

Musée

5 Le musée du parc expose brillamment, mais en quantité limitée, des objets d'art taïno *(ci-dessous)*, dont des poteries et des pointes de flèches. Notez que les explications ne sont qu'en espagnol, et qu'on peut y voir un modèle du navire de Colomb, le *Santa María*.

Laguna Estero Hondo

8 Vous pouvez explorer l'une des mangroves les mieux préservées de la région avec un tour de bateau dans cette lagune sauvage. Les broussailles noueuses de la mangrove hébergent plusieurs espèces d'oiseaux et vous pourriez même y entrevoir un lamantin *(p. 67)*.

Plage Punta Rucia

9 Voici une longue étendue de fin sable blanc et d'eau limpide où de petits restaurants proposent des rafraîchissements et des poissons fraîchement pêchés.

Cayo Paraíso

10 C'est une minuscule pointe de bancs de sable circulaires blanchis par le soleil et entourée de récifs de coraux et d'aigue-marine. Il est possible de s'inscrire à une visite organisée du *caye* à Punta Rucia ou à Castillo.

La bourde de Trujillo

Le potentiel archéologique de La Isabela fut reconnu par le dictateur Trujillo. Mais lorsqu'il ordonna de nettoyer le site, on fit preuve d'un peu trop de zèle en jetant certains vestiges dans la mer. Les habitants de la région aussi sont responsables de la disparition de plusieurs trésors.

№10 Las Terrenas

Petit village de pêcheurs déglingué il y a à peine 30 ans, Las Terrenas est devenu l'un des centres touristiques les plus convoités de la République dominicaine. Un afflux important d'expatriés provenant d'Amérique du Nord et d'Europe a fait germer une quantité impressionnante d'auberges et de restaurants faits sur mesure pour les voyageurs autonomes. Mais la prospérité n'a pas ruiné son ambiance décontractée. Située sur la côte septentrionale de la péninsule de Samaná, le long d'une frange de terre luxuriante qui semble vouloir tomber dans l'océan, la ville a la chance de se trouver à proximité des plus belles plages et des paysages les plus spectaculaires du pays. De vastes vergers de cocotiers côtoient les plages de sable blanc et se penchent doucement vers les chaudes eaux cristallines.

Mur d'un restaurant de plage

⏺ Les guichets automatiques du village sont souvent vides, surtout durant la haute saison touristique. Assurez-vous d'avoir assez d'argent avant de partir.

Malgré leur charme, les cocotiers sont dangereux et des cas de décès, suite à la chute de noix, ont été rapportés. Évitez de vous asseoir directement en dessous.

- Carte F2
- Office du tourisme : Carretera Las Terrenas, Ouv. lun.-ven., 9h-12h et 14h-17h
- Centre de plongée Stellina, Hôtel Cacao Beach : 868 4165, www.stellinadiving.com
- Restaurants de plage : Le Lagon, 240 6603; La Bodega, 865 6868
- El Portillo Beach Club : 240 6100

À ne pas manquer

1. Playa Las Terrenas
2. Plongée
3. Restaurants de plage
4. Art haïtien
5. Magasinage
6. Vie nocturne
7. Playa Bonita
8. Playa Cosón
9. El Portillo Beach Club
10. Salto de Limón

1 Playa Las Terrenas
Se déployant sur un 1,6 km de chaque côté de la petite ville, cette charmante plage *(à droite)* propre et sécuritaire offre un peu d'ombre. À l'Ouest, près des petits hôtels et des bars, se trouve la Playa Cacao, un peu plus développée que les autres.

2 Plongée
Des récifs de coraux relativement intacts sont situés près de Las Terrenas. La Playa Las Ballenas attire les plongeurs vers l'archipel de petites îles à peu de distance au large. Il existe plusieurs boutiques de location d'équipement de plongée, comme le Stellina Diving Center.

3 Restaurants de plage
Plusieurs excellents petits restaurants *(ci-dessous)* sont installés le long des plages. Le poisson à la noix de coco y est délicieux. Les fins d'après-midi sont féeriques, avec des couchers de soleil qui vont mourir dans l'océan.

Art haïtien

Il est facile de se procurer des objets d'art haïtien, souvent produits en série. Le Haitian Caraïbes Art Gallery *(ci-dessous)* offre une bonne sélection de sculptures sur bois et de représentations vaudou à prix raisonnables.

Où magasiner

Las Terrenas compte une gamme surprenante de lieux, depuis les petits centres commerciaux jusqu'aux kiosques plantés le long de la rue principale. De bonnes occasions peuvent se présenter si vous marchandez avec les vendeurs ambulants, surtout ceux près des plages.

El Portillo Beach Club

L'un des plus grands centres tout-inclus *(ci-dessus)*, ce complexe possède son propre aéroport et propose plusieurs distractions et activités sportives. Les visiteurs peuvent admirer sa superbe plage depuis le bar.

Salto de Limón

Cette cascade d'eau blanche de 40 m *(ci-dessus)*, située à une heure de cheval du village El Limón, se jette dans un magnifique bassin. Une belle et fertile végétation entoure les sentiers qui mènent à ce lieu isolé.

Playa Bonita

Cette « Jolie plage » immaculée est bordée de cocotiers et de maisons des hôtes. Elle est moins bondée que Las Terrenas et s'avère idéale pour les enfants.

Playa Cosón

Cette courbe isolée de sable blanc poudreux, d'eau limpide et de vergers de cocotiers est magnifique. Vous pouvez acheter un rafraîchissement ou du poisson grillé dans l'une des cabanes de pêcheur de cette plage peu fréquentée.

Vie nocturne

Las Terrenas est acclamée à juste titre pour son ambiance nocturne survoltée mais décontractée. Les week-ends, les habitants de la ville se mêlent aux étrangers dans une foire en plein air.

Un centre de villégiature en développement

La transformation de communauté de pêcheurs éloignée à centre touristique prospère est l'œuvre de Canadiens, de Suisses et d'Allemands qui se sont amourachés de l'endroit dans les années 1980. L'isolement du village a pris fin à tout jamais lors de l'inauguration d'une route qui le relie à Sánchez.

⁞⁰Costa del Coco

La Costa del Coco, avec ses plages blanches et ses eaux calmes protégées par des récifs, représente la future Mecque touristique du pays, défiant la côte septentrionale pour le titre de zone de villégiature numéro un. Un territoire de quelque 64 km de plage ininterrompue s'étend sur la pointe sud-est de l'île. La perfection de la ligne infinie de l'océan n'est perturbée que par des regroupements de complexes hôteliers et de villas peu élevées. Depuis les années 1980, de gigantesques villes touristiques autonomes, avec leurs attractions et leurs infrastructures exclusives, ont vu le jour le long du littoral. Heureusement, il est possible d'échapper au luxe des hôtels établis et d'explorer les plages spectaculaires, certaines paisibles, d'autres sauvages, qui s'étendent à perte de vue.

Repos sur la plage

🐡 **Malgré des initiatives réussies pour améliorer les normes de salubrité alimentaire, les buffets hôteliers à grande production peuvent contenir leur part de risques. Si possible, ne mangez que de la viande et du poisson fraîchement préparés.**

Vérifiez la qualité des bateaux à fond de verre avant de payer. Des plaintes ont été déposées dans des cas où il était impossible de voir à travers le prétendu verre (du plastique, en fait).

• *Carte H4*
• *Parc Manatí : Ouv. 9h-18h ; 221 9444 ; EP ; www.manatipark.com*

À ne pas manquer

1. Playa Punta Cana
2. Cabo Engaño
3. Hôtels Bávaro Beach
4. Parc Manatí
5. Marchés de plage
6. Sports aquatique
7. Plage Cortecito
8. Équitation
9. Playa Macao
10. Boca de Maimón

Playa Punta Cana
Cette longue frange de magnifique sable, bordée de deux imposants centres de villégiature, mène à de chaudes eaux turquoise *(à droite)*. Des cocotiers fournissent d'indispensables coins ombragés mais seuls les clients des complexes ont droit à ces installations.

Cabo Engaño
Le promontoire qui sépare les deux principales villes touristiques constitue un paradis pour les surfeurs, avec ses forts vents en provenance du cap. Un phare indique le point le plus à l'est du pays, où les vents et les fortes marées rendent la baignade très dangereuse.

Hôtels Bávaro Beach
Plus grand et plus développé que Punta Cana, ce centre de villégiature n'est constitué que d'un complexe hôtelier moderne *(ci-dessous)* qui propose restaurants, sports aquatiques et autres commodités. Un parcours de golf de 18 trous apporte un peu de fraîcheur aux étendues de sable.

4 Parc Manatí

Ce parc naturel controversé offre un aperçu fascinant de la flore et de la faune du pays en plus de permettre aux vacanciers de nager dans un grand bassin avec des dauphins apprivoisés ou d'assister à des spectacles équestres *(p. 37)*.

6 Sports aquatiques

La Costa propose toutes les activités de plage imaginables, dont le catamaran et la plongée libre *(ci-dessus)*. La visibilité excellente et les bateaux à fond de verre permettent de découvrir le monde sous-marin de coraux et de poissons.

9 Playa Macao

Un chemin mène au nord des tout-inclus et permet de découvrir des paysages différents constitués de plages sauvages, de brisants et de minuscules villages de pêcheurs. La baignade n'y est pas recommandée, sauf dans l'anse protégée de Macao *(ci-dessous et p. 44)*.

10 Boca de Maimón

Cette étendue sauvage de plage dénuée et de mangroves n'est scindée que par l'embouchure du fleuve et est entourée de marécages et de lagunes où vivent des tortues de mer. Les pêcheurs de la région y sont plus nombreux que les touristes.

5 Marchés de plage

De bonnes occasions à découvrir dans les nombreux marchés de Cabeza de Toro et de Bávaro, où des marchands vendent du rhum, de l'artisanat et des objets d'art haïtien.

7 Plage Cortecito

L'une des rares franges de sable encore épargnées par les géants du tout-inclus, Cortecito a une saveur plus authentiquement dominicaine, avec ses petits restaurants, ses bars et ses kiosques de souvenirs. Le sable y est aussi fin que celui qui entoure les grands hôtels.

8 Équitation

Les étendues de sable de la Costa del Coco en font le lieu idéal pour les cavaliers débutants ou expérimentés qui veulent faire de l'équitation.

Le paradis d'un millionnaire

Punta Cana et Bávaro s'adressent à tous, mais la Costa del Coco possède un autre centre de villégiature luxueux, un peu plus exclusif et plus difficile à trouver : Los Corales. Le multimillionnaire dominicain Oscar de la Renta et son ami Julio Iglesias y possèdent d'opulentes propriétés.

Pour de plus amples renseignements sur l'équitation voir **p. 42**

10 La Romana

« Le Roi du sucre » règne encore dans la ville portuaire méridionale de La Romana, un lieu de coupe, de broyage et d'exportation de sucre depuis 1917. Les immenses moulins dominent toujours la ville, malgré les dommages subis lors du passage de l'ouragan Georges en 1998, et il est probable que vous voyiez passer des trains chargés de cannes à sucre. C'est le tourisme qui représente désormais le moteur de la ville. Le centre de villégiature adjacent, Casa de Campo, fait la fierté de ses habitants. Ses plages tropicales, ses infrastructures sportives et ses jardins proposent des choix d'activités des plus sophistiquées.

Parcours de golf Teeth of the dog

La Casa de Campo n'est en théorie que pour ses clients mais les passagers des bateaux de croisière peuvent faire des réservations pour l'équitation ou pour le golf.

Les prix des restaurants à Altos de Chavón sont beaucoup plus élevés que ceux de La Romana, mais d'aucuns considèrent que les superbes panoramas en valent le prix.

- Carte G4
- Casa de Campo : Case postale 140, La Romana; 523 3333; www.casadcampo.cc
- Teeth of the Dog : Ouv. 8h-17h; 523 3333; EP 75-150 $; caddy et location de bâtons non inclus
- Altos de Chavón : t.l.j.; EG
- L'amphithéâtre : tous les jours; EG

À ne pas manquer

1. Parque Central
2. Casa de Campo
3. Mercado Municipal
4. Golf Course
5. Playa Minitas
6. Marina
7. Isla Catalina
8. Altos de Chavón
9. The Amphitheater
10. Río Chavón

Parque Central
Cette attrayante place a été rénovée depuis le passage de l'ouragan et est flanquée de la jolie église de Santa Rosa de Lima *(ci-dessous)*. Le parc constitue l'endroit tout désigné pour rencontrer des Dominicains ou pour observer les allers et venues des gens.

Casa de Campo
L'un des meilleurs centres de villégiatures du monde, ces 700 acres de splendides jardins et de villas de bon ton se situent à des années-lumières de La Romana *(p. 72)*. Ses installations sportives sans égales et son prestige indéniable se reflètent dans ses tarifs.

Dominican Plaza, Altos de Chavón

Mercado Municipal
Ce marché animé *(ci-dessous)* abonde de produits agricoles, d'artisanat et d'autres souvenirs intéressants. Les *botánicas* ne vendent pas de plantes mais des articles religieux et magiques, souvent liés à des croyances et à des superstitions régionales.

Parcours de golf
4. Le fameux terrain de golf Teeth of the Dog, avec ses huit hôtels, est l'un des parcours les plus difficiles de la région. Les visiteurs d'une journée sont admis *(à gauche et p.38)*.

Playa Minitas
5. Minuscule frange de magnifique sable abritant des récifs de coraux, cette plage est réservée aux clients de la Casa del Campo, bien que les visiteurs y soient normalement admis.

L'amphithéâtre
9. L'un des sites les plus racoleurs d'Altos de Chavón, cet amphithéâtre à ciel ouvert de 5 000 places *(ci-dessus)*, un vaste lieu de spectacle de castine, fut inauguré par Frank Sinatra en 1982. Avec ses colonnes grecques et son panorama spectaculaire, il s'avère une toile de fond idéale.

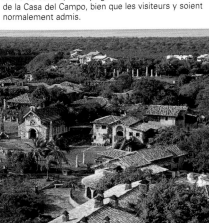

Río Chavón
10. Situé derrière Altos de Chavón, ce fleuve *(ci-dessus)* se déplace tranquillement à travers une gorge densément boisée où les palmiers se reflètent dans l'eau. Des bateaux à roues de style Nouvelle-Orléans parcourent ce cours d'eau mystérieux.

Marina
6. Ce complexe situé sur le bord de l'eau s'adresse aux riches amateurs de navigation de plaisance qui utilisent la marina. Le square en forme de croissant *(à droite)* qui fait face aux yachts comprend plusieurs cafés, restaurants et boutiques de prestige.

Cadeau d'anniversaire

Le village toscan d'Altos de Chavón, pure folie d'urbanisme, fut, dit-on, construit en 1976 par le président de Gulf & Western, Charles Bluhdorn, en cadeau pour sa fille. Celle-ci est toujours associée au village en tant qu'actrice principale de la fondation du centre culturel d'Altos de Chavón.

Isla Catalina
7. Cette minuscule île inhabitée attire des foules d'excursionnistes. La Casa de Campo y a installé des infrastructures touristiques. La plongée le long de la côte nord est plus agréable.

Altos de Chavón
8. Cette étrange réplique d'un village toscan agit non seulement comme centre d'art, mais aussi comme complexe touristique important. L'imitation s'est attiré sa part de critiques mais d'aucuns apprécient son côté européen.

🔟 Lago Enriquillo

Cette vaste étendue intérieure d'eau salée ressemble plus à une petite mer qu'à un lac. Faisant contraste avec la plaine aride et les montagnes découpées des alentours, ce lac représente le niveau le plus bas des Caraïbes. Ce parc national protégé est l'habitat naturel d'une variété d'espèces d'oiseaux, d'iguanes et de crocodiles américains. Le lac, sa principale île, de même que tous les villages offrent des panoramas totalement différents des autres régions du pays. Chaude, sèche et faiblement habitée, cette région contraste également de manière fascinante avec les zones côtières développées.

2 Excursions en bateau

Des bateaux partent du bureau du parc national en direction de l'île Cabritos. Vous pourrez ainsi observer les crocodiles, qui préfèrent les eaux fraîches de l'anse située sur la rive nord, lorsque vous passerez.

Boutique à La Descubierta

❤ Il existe un tarif fixe pour les tours de bateau, peu importe le nombre de passagers. Il peut valoir la peine d'attendre d'autres voyageurs pour partager les coûts (environ 60 $).

Il est impossible de traverser la frontière avec une voiture louée et la plupart des tentatives riment avec obstacles bureaucratiques et pots-de-vin. Il est beaucoup plus facile de prendre l'avion.

• Carte A4
• Tours de bateau ;
Ouv. 7h30-13h ; tarif approx. 1000 $ RD

À ne pas manquer

1. Lago Enriquillo
2. Excursions en bateau
3. Isla Cabritos
4. Observation d'oiseaux
5. Crocodiles et iguanes
6. Las Caritas
7. La Descubierta
8. Las Barias Balneario
9. Jimaní
10. Marché frontalier

1 Lago Enriquillo

Ceinturé par une route, cet immense lac repose sous un soleil de plomb. Les troncs d'arbres morts émergeant de ses eaux témoignent de sa salinité et intensifient l'atmosphère sinistre ainsi que le profond silence qui y règnent *(ci-dessus et p. 110)*

3 Isla Cabritos

Langue de terre sablonneuse, l'Île des Chèvres *(ci-dessus)* représente le sanctuaire idéal pour une colonie d'iguanes et pour plus de 500 crocodiles. Une balade sur l'île desséchée au milieu de cactus florissants promet une rencontre avec des lézards fuyards.

4 Observation d'oiseaux

Ce site éloigné constitue un havre pour plus de 60 espèces d'oiseaux. Plus facilement reconnaissables, les flamants roses *(à gauche)* se rassemblent en immenses volées à l'aube et au crépuscule.

Las Caritas est une grotte déserte et isolée, sans horaire ni frais d'admission.

Crocodiles et iguanes

Les crocodiles peuvent être discrets, mais les iguanes, par contre, ne sont pas du tout timides et, en quête de nourriture, se permettent même d'approcher les vacanciers. Il est déconseillé de nourrir ces animaux.

Jimaní

La vaste ville de Jimaní marque l'une des frontières officielles avec Haïti, bien que la ligne frontalière soit située à environ 5 km. Vous verrez peut-être passer un autobus haïtien coloré *(ci-dessus)*, que les gens appellent tap-taps.

Marché frontalier

Les zones tampons situées entre les deux pays sont le théâtre d'un marché extérieur presque permanent dans lequel les marchands haïtiens vendent vêtements et montres de contrefaçon. Le célèbre rhum haïtien Barbancourt en vaut la dépense.

Las Caritas

Au large de la route près du village de Postrer Río se trouve une grotte qui révèle l'existence d'une culture indigène précolombienne. Des rituels religieux avaient probablement lieu ici, d'où la présence de petits visages *(caritas)* sculptés dans la pierre de corail.

La Descubierta

Petit avant-poste de maisons à un étage, parfois de couleurs vives, ce village repose au milieu d'une plaine torride. Sa place centrale est ombragée et entourée de quelques courts sentiers et de plusieurs bars et restaurants bon marché.

Las Barias Balneario

Ce bassin naturel constitue l'une des caractéristiques de La Descubierta *(ci-dessus)*. Populaire auprès des familles de la région, cette station balnéaire, où il est possible de se procurer nourriture et boissons, accueille les visiteurs.

La mer intérieure

Les experts croient que le Lago Enriquillo était relié à la mer et à la baie de Port-au-Prince jusqu'à ce que des changements tectoniques se produisent et le transforment en lac, il y a environ un million d'années. Ceci expliquerait la salinité de l'eau ainsi que la présence de fragments de coraux.

Il n'y a aucun restaurant recommandable à La Descubierta, mais quelques kiosques vendent de la nourriture près de la source sulfureuse.

27

Gauche **Maison de Colomb, La Isabela Bay** Droite **Sir Francis Drake saluant un chef régional**

TOP 10 Moments historiques

1 500 av. J.-C. : La culture taïno

Le peuple taïno arriva sur l'île, qu'on appelait Quisqueya, après des siècles de migration en canot le long de l'archipel des Caraïbes, depuis le Delta Orinoco en Amérique du Sud. Cette paisible société de pêcheurs et de fermiers établie dans des petits villages vouait un culte à des dieux de la nature ainsi qu'à la vie après la mort.

2 1492 : Arrivée de Colomb

L'explorateur génois crut qu'il était arrivé en Chine lorsqu'il mit les pieds sur Quisqueya, qu'il rebaptisa Hispaniola. La découverte précéda l'avènement de la colonisation espagnole ainsi que la rapide extermination des Taïnos. La ville de Saint-Domingue fut fondée en 1498.

3 1586 : Pillage de Saint-Domingue

L'âge d'or des colonies espagnoles prit fin lorsque le pirate anglais Francis Drake pilla et vandalisa tout ce qui se dressait sur son passage vers la grande ville. À l'époque, les pirates anglais, français et hollandais représentaient une menace constante pour les colonies espagnoles *(p. 9)*.

4 1697 : Traité de Ryswick

Après plusieurs années de présence française dans l'ouest de l'île, une entente sépara Hispaniola entre le Saint-Domingue français et le Santo Domingo espagnol. Les Français

créèrent une colonie prospère, fondée sur l'esclavage et l'industrie du sucre, alors que la partie espagnole s'alanguit, dominée par l'Église et les grands propriétaires de ranch.

5 1804 : Indépendance d'Haïti

Après 13 années de révolution et de guerre civile, une armée d'anciens esclaves chassa les troupes de Napoléon de Saint-Domingue et déclara l'indépendance d'Haïti. La colonie espagnole fut envahie coup sur coup mais retourna sous le joug espagnol en 1809. Saint-Domingue craignit les ambitions territoriales haïtiennes et fut de nouveau envahi en 1821.

6 1844 : Indépendance

Mené par Juan Pablo Duarte, un groupe de nationalistes organisa une révolte contre l'occupation haïtienne, qui durait depuis 23 ans, et déclara l'indépendance de la République dominicaine. Les Haïtiens furent chassés après que de riches propriétaires terriens dominicains eurent recruté une armée de paysans. Duarte fut rapidement mis sur la touche pendant que les caudillos régionaux luttaient pour l'obtention du pouvoir politique.

7 1915-25 : Occupation américaine

Les marines débarquèrent à Saint-Domingue et ramenèrent l'ordre dans un pays ravagé par les conflits intérieurs. La présence américaine amena des étrangers à investir dans l'industrie sucrière et à expulser les

Statue de Colomb, Parque Colón

Pages précédentes **Extérieur de la cathédrale de Santa María de la Encarnación, Saint-Domingue**

Le cercueil de Trujillo, Saint-Domingue

paysans de leurs terres. Les forces de la police nationale furent créées, ce qui mena à l'émergence de Rafael Leonidas Trujillo, « le Bienfaiteur ».

8 1961 : Assassinat de Trujillo

Trente années de brutale dictature prirent fin lorsque Trujillo fut abattu sur le Malecón de Saint-Domingue. Trujillo était devenu immensément riche et puissant, emprisonnant, bannissant et assassinant tous ses adversaires. Il fit même rebaptiser en son honneur la capitale Ciudad Trujillo. Sa mort représenta un pas de plus vers la démocratie.

9 Les années 1970 : Arrivée du tourisme

Les premières étapes de l'établissement de l'industrie touristique commencèrent avec la construction d'hôtels sur la côte septentrionale. Durant les trois décennies suivantes, le pays se débarrassa de sa dépendance à l'industrie sucrière et devint l'un des acteurs principaux du tourisme caraïbéen, avec ses centres de villégiature, ses aéroports et ses bateaux de croisière.

10 1996 : Premières élections impartiales

Un regrettable passé de fraude électorale s'acheva avec les premières élections libres et impartiales du pays. Après 30s ans de politique truquée, le président fantoche qui remplaça Trujillo, Joaquín Balaguer, fut forcé de se retirer à l'âge de 89 ans pour céder sa place à Leonel Fernández.

Héros et scélérats de l'histoire

1 Christophe Colomb (1451-1506)
Explorateur visionnaire ou chasseur d'or ou dupe ? Les opinions sont partagées à l'égard de l'homme à l'origine des colonies espagnoles.

2 Bartolomé de las Casas (1474-1566)
Prêtre courageux qui protesta auprès du roi d'Espagne contre l'extermination des Taïnos par les Espagnols.

3 Enriquillo (1498-1535)
Leader de la dernière révolte taïno contre les Espagnols.

4 Sir Francis Drake (1540-1596)
Détesté dans le monde espagnol pour son bigotisme protestant.

5 Jean-Pierre Boyer (1776-1850)
Président haïtien assoiffé de pouvoir qui ordonna l'invasion de 1821 en abolissant l'esclavagisme et en imposant le militarisme.

6 Juan Pablo Duarte (1813-1873)
Le père vénéré de la nation dominicaine ; patriote qui libéra son pays.

7 Ulises Heureaux (1845-1899)
Dictateur (1882-1899) qui tenta de vendre aux Allemands une station navale à Samaná.

8 Trujillo (1891-1961)
Dictateur le plus odieux de tous, il ordonna le massacre de 15 000 Haïtiens en 1937.

9 María Montez (1912-1951)
Séduisante actrice née à Barahona, elle eut beaucoup de succès à Hollywood dans les années 1940.

10 Joaquín Balaguer (1906-2002)
Politicien qui abhorrait la défaite, il remporta six élections de manières douteuses entre 1966 et 1994.

République dominicaine Top 10

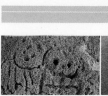

Gauche **Pétroglyphes taïnos, Las Caritas** Centre et Droite **Expositions au Museo Prehispánico**

Sites taïnos

1 Grottes El Pomier
Officiellement une réserve anthropologique, ce réseau de grottes infestées de chauves-souris au nord de San Cristóbal contient la plus grande quantité de peintures rupestres et de dessins sur pierre des Caraïbes. De mystérieux symboles spirituels et des scènes de la vie précolombienne de tous les jours sont représentés ici. ✆ *Carte D4 • Ouv. 9h-17h • EP.*

2 Las Caritas
Les « petits visages » sculptés dans la pierre de corail de cette grotte qui donne sur le Lago Enriquillo expriment une gamme d'expressions. Certains représentent des Taïnos en prière. Une légende régionale raconte que le renégat leader taïno Enriquillo *(p. 31)* se cacha ici alors qu'il fuyait les Espagnols. ✆ *Carte A4.*

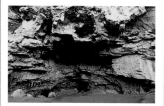

Grotte taïno, Las Caritas

3 Peñon Gordo, Bayahibe
Faisant partie du Parque Nacional del Este *(p. 41)*, ce circuit de grottes abrite quelques-unes des représentations sur paroi rocheuse les mieux préservées du pays. La figure d'un gardien avec une grande tête et les bras levés garde l'entrée inférieure de la première grotte. ✆ *Carte G5 • EP.*

Cueva José María
Située plus loin dans le Parque Nacional del Este, et accessible qu'en compagnie d'un garde du parc, cette grotte contient 1 200 pictogrammes taïnos qui font entre autres allusion à des croyances religieuses et à la venue des Espagnols. Des représentations faites à l'aide de charbon sur de la castine blanche dépeignent clairement les visages barbus des Espagnols ainsi que leurs grands voiliers. ✆ *Carte G4.*

5 Museo Prehispánico
Ce musée expose des spécimens de bijoux délicatement taillés de même que des poteries décorées. La puissante dimension spirituelle de la société taïno est évoquée de manière très vivante à travers les nombreuses divinités façonnées dans l'argile, des *zemis*. On y retrouve aussi un marchepied de cérémonie qui aurait été utilisé dans des rituels par le chef du village ou le cacique. ✆ *Carte D4 • 179 San Martín & Lope de Vega, Saint-Domingue • Ouv. lun.-ven., 9h-17h.*

6 Cueva de las Maravillas
Ce complexe de grottes labyrinthiques n'expose pas seulement de manière fascinante des formes d'art taïno, mais comporte également des stalactites, des stalagmites et d'autres curiosités géologiques. ✆ *Carte F4 • Ouv. 9h-17h • EP.*

7 Los Indios de Chacuey
Version indigène (et plus petite) de Stonehenge, en Angleterre, cet amoncellement circulaire de pierres entoure un bloc de pierre au milieu

Village taïno, La Isabela

d'un immense espace ouvert. Tout près, des pétroglyphes religieux laissent croire qu'il s'agissait d'un important lieu de cérémonie. ✎ *Carte A2.*

La Isabela

Le musée du Parque Histórico La Isabela *(p. 18)* met en lumière la vie quotidienne d'un village taïno. À l'extérieur se trouvent des exemples de *bohío*, ou chaumière, et des jardins contenant des récoltes cultivées par des communautés taïnos.

Parque Nacional Los Haitises

Des marécages de mangrove inhospitalière et des terrains rocheux font en sorte que les sites taïnos ne sont accessibles que par bateau. Les grottes du parc abritent de considérables représentations, dont des scènes de chasse, des oiseaux, des baleines et plusieurs visages. ✎ *Carte E3.*

Parque Submarino La Caleta

Plus connu pour ses explorations d'épaves naufragées au large, ce parc révèle également la présence d'un cimetière taïno, découvert sur la plage dans les années 1970. Un ensemble de squelettes atteste que les communautés indigènes préféraient inhumer leurs morts accroupis dans une position fœtale, avec l'espoir, semble-t-il, de renaître. ✎ *Carte E4 • Ouv. 9h-18h • EP.*

Héritage taïno

1 Barbecue
Les Taïnos aimaient faire cuire leur viande et leur poisson au-dessus de *barbacoas*, grilloir extérieur alimenté par du charbon.

2 Bohío
Maison rectangulaire avec murs de bois et toit de chaume, largement utilisée dans les zones rurales et les villages.

3 Canot
L'un des nombreux mots *(canoa)* et inventions taïnos encore utilisés aujourd'hui.

4 Manioc
Un des piliers de la diète précolombienne, cette racine est vénéneuse si elle n'est pas adéquatement apprêtée avec de la farine.

5 Hamac
Le *hamaca* taïno était la solution préférée pour le sommeil, gardant ses occupants à l'abri des rats et des autres vermines.

6 Ouragan
Dieu qui inspirait la crainte, Huracán symbolisait la puissance et la violence terrifiantes du monde naturel.

7 Pétroglyphes
La gravure de visages humains, d'animaux et de formes abstraites dans le roc, souvent dans des grottes.

8 Pictogrammes
Représentations de l'imaginaire spirituel et quotidien, normalement pratiquées à l'aide de charbon sur des parois rocheuses pâles.

9 Tabac
La vengeance taïno sur le monde occidental : la dangereuse habitude de fumer du tabac.

10 Zemis
Idoles ou fétiches représentant les nombreux esprits ancestraux et naturels que les Taïnos vénéraient.

Gauche et droite **Expositions, Museo del Hombre Dominicano**

TOP 10 Musées

1 Museo del Hombre Dominicano

Possiblement le meilleur musée du pays, sa collection d'objets d'art pré-colombien révèle la complexité des sculptures indigènes sous forme de bijoux et de figurines religieuses, ou *zemis*. Une autre collection montre l'impact de l'esclavage africain sur la culture, avec une exposition de costumes de carnaval et un modèle d'autel vaudou *(p. 11)*. ✪ Carte L3 • EP.

2 Museo de las Casas Reales

Ce musée, sis dans la cour suprême d'un gouverneur du XVIᵉ s., met en valeur la période coloniale par l'entremise de peintures et de mobiliers qui donnent une bonne idée du style de vie luxueux mené par l'élite espagnole. Une autre collection démontre comment les Taïnos furent assujettis. ✪ Carte D4 • Calle Las Damas, Zona Colonial, Saint-Domingue, • Ouv. mar.-dim., 9h-17h • EP.

3 Museo Juan Pablo Duarte

Le défenseur de la liberté Juan Pablo Duarte *(p. 31)* est honoré dans cette modeste maison à un étage où il vit le jour. Les souvenirs sont constitués de documents et de peintures et il s'y trouve aussi trois élégantes pièces meublées avec distinction et une iconographie sur l'organisation secrète de Duarte qui mena à l'indépendance, La Trinataria.

Museo del Hombre Dominicano

✪ Carte P5 • 305, Calle Isabel la Católica, Saint-Domingue • Ouv. lun.-ven., 8h-14h30 • EP.

4 Museo de las Hermanas Mirabal

La petite ville de Salcedo n'est pas exceptionnelle, mis à part son musée qui commémore la vie et la mort des trois sœurs Mirabal, assassinées sous ordre du dictateur en 1960. La petite maison familiale contient une collection de photographies de même que des articles personnels. ✪ Carte D2 • Chemin Salcedo-Tenares, Salcedo • 577 2704 • Pas d'horaire fixe.

5 Museo Nacional de Historia y Geografía

Faisant partie du complexe moderniste de la Plaza de la Cultura, la collection couvre tout, depuis la culture taïno jusqu'à l'occupation américaine, en mettant l'accent sur les luttes contre Haïti. La section la plus fascinante expose les excès de la période de Trujillo et contient une voiture criblée de balles issue de la scène de l'assassinat. ✪ Carte L3 • Plaza de la Cultura, Saint-Domingue • Ouv. mar.-dim., 10h-17h • EP.

6 Museo de la Familia Dominicana del Siglo XIX

La maison dans laquelle cette collection d'objets domestiques du XIXᵉ s. est gardée s'avère plus intéressante que le musée lui-même.

Saint-Domingue *(voir carte, à droite)* comprend les musées les plus impressionnants du pays.

Ce manoir datant de 1503 comprend la seule fenêtre gothique double de toute l'Amérique. Ce joyau colonial expose également le mobilier et les effets personnels d'une famille aisée de Saint-Domingue. ® *Carte P6 • Casa de Tostado, Calle Arzobispo Meriño, Saint-Domingue • Ouv. lun.-sam., 9h-16h • EP.*

7 Museo de Arte Moderno

Cette galerie d'art moderne de quatre étages démontre la vitalité et l'étendue de la créativité dominicaine contemporaine. Des expositions permanentes alternent avec des temporaires en révèlant la tension qui sépare les peintures bucoliques de vie rurale idéalisée et les plus sombres et sinistres méditations sur la pauvreté et le passé violent du pays. ® *Carte L3 • Plaza de la Cultura, Saint-Domingue • Ouv. mar.-dim., 9h-17h • EP.*

8 Museo Bellapart

Ce musée constitue une oasis artistique surprenante à l'intérieur d'une salle d'exposition de voitures d'un quartier huppé. La collection privée comprend de grands noms de l'art moderne dominicain, tels que Jaime Colson, le maître du réalisme rustique, ainsi que l'anarchiste espagnol exilé José Vela Zanetti, dont les œuvres impressionnistes de vie paysanne représentent le cœur de cette galerie. ® *Carte K2 • Av. John F Kennedy/Lambert Peguero, Saint-Domingue 541 7721 • Ouv. lun.-ven., 10h-18h.*

9 Museo de la Comunidad Judía de Sosúa

Ce petit musée situé à deux pas de la synagogue de Sosúa évoque l'histoire de la communauté juive du pays, invitée par Trujillo en

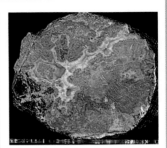
Larimar, Museo de Larimar

1940 pour former une colonie d'agriculteurs. Des photographies, des lettres et une panoplie d'objets des années 1940 racontent comment les juifs fuirent les nazis pour s'établir dans cette ville de la côte septentrionale et mettre sur pied une coopérative laitière. ® *Carte D1 • Calle Dr Alejo Martínez, Sosúa • Ouv. lun.-ven., 9h-13h.*

10 Museo de Larimar

C'est un des plus récents musées de la capitale, posté dans une charmante maison de la période coloniale dans laquelle des bijoux de larimar sont en vente. Une exposition multilingue savamment présentée explique les procédés d'extraction et de transformation de cette pierre bleue semi-précieuse pour en faire des bijoux raffinés. ® *Carte P6 • 54 Calle Isabel la Católica, Saint-Domingue • Ouv. lun.-sam., 8h-18h et dim., 8h-14h • EP.*

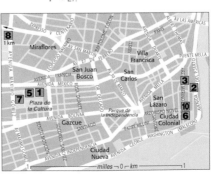

Pour de plus amples renseignements sur le *Museo de Larimar,* visitez le www.larimarmuseum.com

Gauche **Calèche, Malecón** Centre et droite **Columbus Aquapark**

Activités pour enfants

1 Acuario Nacional, Saint-Domingue

Situé à peu de distance de la mer des Caraïbes, l'aquarium comprend un long tunnel de plastique dans lequel les visiteurs sont entourés de requins, de raies, de congres et de bancs de poissons colorés. Des expositions expliquent les différents types d'environnements marins. L'attraction familiale de prédilection demeure cependant le lamantin orphelin *(p. 71).* ◈ *Carte E4 • Av. 28 de Febrero • 766 1709 • Ouv. mar.-dim., 9h30-17h30 • EP.*

Acuario Nacional

2 Agua Splash Caribe, Saint-Domingue

Ce parc thématique a tout ce qu'il faut pour plaire aux nageurs et aux baigneurs, dont 12 glissoires et des piscines de différentes profondeurs. L'endroit est bien ombragé et des rafraîchissements sont disponibles. Ces installations sont très populaires auprès des familles de la région.
◈ *Carte P2 • Av. España • 591 5927 • Ouv. mar.-dim., 10h-18h • EP.*

3 Parque Zoológico Nacional, Saint-Domingue

Grand parc de 400 acres de jardins tropicaux et d'eau, le zoo héberge des tigres et de la faune régionale, comme des flamants roses et des *hutías* et *solenodons*, des mammifères dominicains insaisissables. Les enfants s'amuseront à repérer des créatures dans les paysages bien aménagés et à se promener à bord du train du parc. ◈ *Carte K2 • Av. De los Reyes Católicos • 562 3146 • Ouv. mar.-dim., 9h-18h • EP.*

4 Tours de calèche

Des petites calèches font des allers-retours le long du pittoresque Malecón de Saint-Domingue ainsi qu'autour de l'évocatrice Zona Colonial. Des balades semblables sont également offertes à Santiago, où le point de convergence est le Parque Duarte. Discutez du prix avant de vous embarquer dans cette promenade excitante.

5 Columbus Aquapark, Sosúa

Une série d'époustouflantes descentes dans des glissoires escarpées passant à travers une grotte représentent les hauts faits de ce parc aquatique très populaire. Ce grand complexe comprend plus de 20 descentes différentes. Une excursion en rafting, moins intense, est également disponible pour quiconque n'est pas disposé à braver les abruptes cascades. ◈ *Carte D1 • Carretera 5 • 571 2642 • Ouv. 10h-18h • EP.*

6 Ocean World, Puerto Plata

Ce grand parc thématique marin propose une variété d'expériences interactives : baignades avec dauphins à gros nez, exploration de récifs artificiels, nourrissage d'otaries et rencontre avec des requins. Il existe plusieurs activités en plus d'une boutique et d'un restaurant. Les environnementalistes ne voient pas d'un bon œil le fait de garder des dauphins en captivité.

§ Carte C1 • Cofresí
• 291 1000 • Ouv. 9h-18h • EP.

7 Parc Manatí, Bávaro

Hormis les performances des dauphins et des chevaux, ce parc remporte beaucoup de succès auprès des jeunes, car on les encourage, sous surveillance, à tenir des serpents non venimeux dans leurs mains de même qu'à se baigner avec des dauphins. Le plaisir prime sur l'enseignement ici et il y a plusieurs restaurants (p. 23). § Carte H4.

8 Plage Boca Chica

Probablement la plage du pays la plus sécuritaire et la mieux adaptée pour les enfants, Boca Chica est située à l'intérieur d'une petite baie protégée par des récifs, avec des pentes douces de sable et des eaux peu profondes. Vous pouvez construire des châteaux de sable, faire de la plongée libre ou, lorsque la marée

Équitation à El Limon

est basse, barboter jusqu'à une petite île au large. § Carte F4.

9 Équitation

Presque tous les centres touristiques de plage tout-inclus vous proposeront de l'équitation ou pourront vous référer à un centre. Les chevaux dominicains, petits et normalement patients, sont une bonne manière d'initier vos enfants à cette activité, particulièrement sur du sable mou. Pour les cavaliers expérimentés, des compagnies spécialisées offrent des excursions en montagne (p. 42).

10 Base-ball

Les enfants plus âgés pourraient apprécier l'engouement d'une partie de base-ball. Ce spectacle nocturne est généralement accompagné de musique et de nombreux régals. Les enfants sont bienvenus mais la partie risque de se terminer trop tard pour les plus jeunes (p. 38).

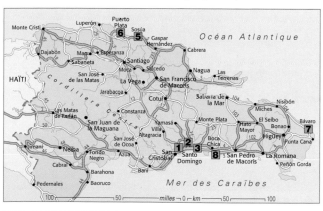

Gauche **Base-ball au Parque Mirador del Sur** Droite **Pêcheurs**

Sports et activités

1 Base-ball
Vous pouvez regarder les enfants du quartier jouer ou vous joindre au groupe dans l'un des nombreux parcs, mais pour vivre le fanatisme du base-ball comme les Dominicains, vous devriez vous rendre à l'un des principaux stades : Estadio Tetelo Vargas, San Pedro de Macorís *(p. 72)* ou La Romana *(p. 24-25)*.

2 Golf
Les deux principaux parcours font partie intégrante des centres de villégiature mais sont ouverts aux non-résidents. Conçu par Pete Dye, le terrain de golf ardu de la Casa de Campo est situé au bord de l'eau, tout comme le terrain Robert Trent Jones de la Playa Dorada *(p. 43)*. D'autres terrains se trouvent à Punta Cana et à Playa Grande *(p. 89)*.

3 Tennis
Vous trouverez des terrains de tennis dans tous les grands hôtels et il est généralement possible de louer une raquette sur place. Le plus grand complexe se situe à Casa de Campo, où des professionnels pourront vous conseiller.

Parcours de golf au Punta Cana Beach Resort

4 Basket-ball
Deuxième sport le plus populaire auprès des Dominicains après le base-ball, ce sport se joue dans tous les villages et villes, et rien n'empêche les visiteurs d'y participer. Le lieu principal pour le jeu sérieux est le Centro Olímpico de Saint-Domingue, où les futurs professionnels démontrent tout leur savoir-faire.

5 Cyclisme
Bien que le cyclisme ne soit pas sécuritaire dans la plupart des villes, la campagne regorge de routes tranquilles bien que pleines de nids-de-poule et de pistes sauvages, surtout dans la cordillère centrale. Vous pouvez louer des bicyclettes chez des voyagistes spécialisés *(p. 127)* qui organisent des excursions.

6 Pêche
La pêche en lac ou en rivière est populaire auprès des Dominicains, mais les adeptes de pêche à la ligne voudront tenter leur chance dans l'océan, où le bar et le vivaneau rouge comptent parmi les prises favorites. Pour ceux qui préfèrent les concours de type Hemingway, il est possible de participer à une partie de pêche au marlin en se rendant à Palmar de Ocóa ou à Cabeza de Toro.

7 Courses de chevaux
Les Dominicains aiment parier, surtout sur les combats de coqs, mais les courses de chevaux ont également leurs partisans, spécialement à la piste de course V Centenario de Saint-Domingue. Ici, les paris et les boissons font bon ménage.

La saison de base-ball professionnel commence en novembre et se termine en février.

Kart

8 Considérant le fait que la plupart des adultes sont plus qu'heureux de conduire leur bolide à des vitesses vertigineuses sur les chemins de campagne, les karts sont normalement réservés aux enfants, bien qu'il n'y ait aucune raison pour laquelle les plus grands ne pourraient s'amuser à tourner les coins des pistes sur les chapeaux de roues. Une excellente piste se trouve sur le Malecón de Saint-Domingue et une autre est située à l'intérieur des terres du Bávaro Beach Resort, à Costa del Coco. Testez vos aptitudes en coursant avec vos enfants ❧ *Shell Cartodromo : carte M4; Malecón; 532 0552 • Tropical Racing: carte H4; Bávaro; 707 5164.*

Quilles

9 Autre importation des États-Unis accueillie avec enthousiasme par la jeunesse dominicaine, les quilles sont vite devenues une activité familiale populaire suite à l'ouverture de quelques allées modernes. Le Sebelén Bowling Center de Saint-Domingue est grand et impressionnant techniquement, alors que Punta Cana a sa propre salle de quilles professionnelle. ❧ *Sebelén Bowling Center . carte H4 • Punta Cana Lanes • Plaza Bolora, Punta Cana, Higüey • 543 5362.*

Quilles

Polo

10 On raconte que le polo fut introduit au pays en 1954 par le maharaja indien Jabar Singh, qui fut engagé pour l'enseigner aux fils du dictateur Trujillo. Le jeu est maintenant exclusif au centre de villégiature Casa de Campo, où seuls les plus nantis peuvent s'y adonner sous la supervision du fils du maharaja. Les visiteurs ont le droit d'assister aux parties durant les week-ends. ❧ *Casa de Campo : carte G4 • 523 3333 • www.casadecampo.cc*

Meilleurs joueurs de base-ball de l'histoire

Tetelo Vargas (1906-1981)

1 Vénéré à San Pedro de Macorís comme voltigeur étoile et opposant courageux au dictateur Rafael Trujillo.

« Ozzie » Virgil (1932)

2 Premier Dominicain à avoir du succès dans les ligues majeures américaines dans les années 1950

Felipe Alou (1935)

3 Ce frappeur de puissance a joué d'une longue carrière en tant que joueur et comme gérant.

Juan Marichal (1937)

4 Populairement connu comme le « Dandy dominicain » a causé de son style flamboyant, Marichal brisa des records de lanceur.

Ricardo Carty (1939)

5 Carty était si impressionnant durant sa jeunesse que dix clubs tentèrent de lui faire signer un contrat.

Tony Peña (1957)

6 Gant d'or à quatre reprises, il fut un receveur expert avant de devenir un gérant respecté.

Sammy Sossa (1968)

7 Connu de tous, il laissa son métier de cireur de souliers pour devenir une étoile millionnaire et un philanthrope.

Pedro Martínez (1971)

8 Tout simplement considéré comme le meilleur lanceur des ligues majeures américaines.

Vladimir Guerrero (1976)

9 Frappeur de puissance inspirant la crainte grâce à sa vitesse, son contrôle et sa précision.

Albert Pujols (1980)

10 Athlète de la génération actuelle de Dominicains émigrés et frappeur de puissance de grande renommée.

Gauche et centre **Chutes et gorges près de Jarabacoa** Droite **Vue sur la Playa San Rafael**

ⁱ⁰ Sentiers en nature

1 Pico Duarte

Certainement le plus grand défi de tous, plusieurs sentiers mènent à cette montagne, dont la plus populaire débute à La Ciénaga *(p. 82)*. L'aller-retour prend au moins trois jours et un guide officiel doit accompagner les randonneurs. Vous traverserez des forêts de pins, des prairies et des terrains rocheux *(p. 13)*. ◈ *Carte C3.*

2 Jarabacoa

La ville constitue le camp de base idéal pour les randonnées à pied ou à cheval dans les luxuriantes Alpes dominicaines *(p. 12-13)*, où les cascades, les rivières cristallines et les gorges succèdent aux prairies et aux forêts de pins parfumées. La région compte plusieurs sentiers bien établis, dont des courtes pistes qui traversent des terres agricoles ainsi que des trajets d'une journée de marche en montagne. ◈ *Carte C3.*

3 Constanza

Cette vallée fraîche et idyllique représente le point de départ de plusieurs sentiers intéressants qui vous conduisent à travers des forêts de pins et des prairies montagneuses tapissées de fleurs. L'observation d'oiseaux, comme le pic d'Hispaniola, la perruche et l'émeraude d'Hispaniola, connaît beaucoup de succès ici. Le sentier qui mène au Salto Agua Blanca est relativement facile et très souvent spectaculaire *(p. 12-13)*.

4 Parque Nacional Monte Cristi

Les déserts et les mangroves s'enchevêtrent dans cette vaste étendue de nature désorganisée. Mais la haute montagne bossue d'El Morro est facilement accessible depuis les bureaux du parc, en empruntant un passage à partir de la plage. Il s'agit du meilleur endroit pour apprécier l'écosystème du Nord-Ouest *(p. 95)*. ◈ *Carte A1* • *t.l.j.* • *472 4204* • *EP.*

5 Pico Isabel de Torres

Si vous ne voulez pas prendre le téléphérique pour atteindre le sommet de la montagne, vous pouvez toujours faire la randonnée abrupte de quatre heures à travers la forêt pluviale. Il

El Morro, Parque Nacional Monte Cristi

➔ *Vous pouvez communiquer avec les autorités du parc au DNP, 539 Av. Independencia, Saint-Domingue. Tél. : 221 5340.*

Parque Nacional del Este

est recommandé d'engager un guide, car il est facile de s'éloigner des sentiers et de se perdre. La luxuriante végétation abrite des perruches et de nombreuses autres espèces d'oiseaux (p. 17 et 41). ◈ Carte C1.

Punta Bonita
La randonnée entre Las Terrenas (p. 20-21) et la superbe Playa Bonita (p. 44) comprend quelques-uns des plus beaux paysages côtiers, avec à l'arrière-plan une série de vergers de cocotiers qui protègent du soleil. Une colline rocheuse rend l'accès au cap de Punta Bonita difficile, mais le sentier qui vous y conduit offre un intéressant panorama de végétation et de rochers. ◈ Carte F2.

Parque Nacional del Este
Cette vaste étendue sauvage accueille des forêts tropicales sèches et une île de style Robinson Crusoé, l'île de Saona. Vous devez engager un guide officiel qui vous conduira à ces sentiers naturels en bateau depuis Bayahibe (p. 73). ◈ Carte G5.

Dunes de Baní
Les vastes dunes de la péninsule de Las Salinas (p. 109) sont sans doute l'un des secrets les mieux gardés du pays. Une étendue de tertres sablonneux, parsemés de raisiniers et d'algues marines, va s'échouer dans la lumineuse mer des Caraïbes. ◈ Carte D5.

San Rafael
Située à l'intérieur des plages et des bassins populaires, la rivière qui emplit le réservoir jaillit d'un coteau couvert de rochers, de fougères et d'arbres tropicaux. Une randonnée le long de la rivière mène à une série de petites cascades qui offrent de magnifiques panoramas sur l'océan. ◈ Carte B5.

Parque Nacional Baoruco
Baoruco met en lumière une grande variété de paysages et de flore, des étendues semi-arides aux collines de basse altitude en passant par les exubérantes forêts pluviales tropicales. Les quatre-roues s'avèrent indispensables pour découvrir la grande variété d'orchidées sauvages et les inextricables forêts de pins. ◈ Carte A5.

République dominicaine Top 10

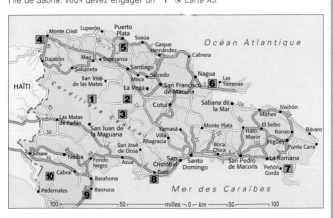

Pour de plus amples renseignements sur les parcs nationaux, visitez le www.dominicanrepinfo.com/Parks-Reserves

Gauche **Playa Dorada** Centre **Planche à voile**, Bávaro Droite **Étoile de mer, Parque Nacional del**

🔟 Activités : plage et mer

1 Baignade

Plusieurs options de baignade s'offrent à vous. En général, les eaux des plages de la côte méridionale sont plus calmes que celles de la côte septentrionale. Contrairement aux plages des centres de villégiature, les plages publiques n'ont généralement pas de sauveteurs ; mieux vaut prendre garde aux forts courants.

2 Planche à voile

Les eaux tranquilles de la côte méridionale sont probablement mieux pour les débutants, mais Cabarete, avec ses puissantes marées, attire les vrais amateurs de ce sport, dont les compétiteurs de classe mondiale qui participent chaque année en juin à la Coupe du monde de planche à voile. Vous pouvez louer de l'équipement dans la plupart des hôtels situés en bord de mer. Vous pouvez aussi prendre des cours au Carib Bic Center. ✎ *Carib Bic Center : carte D1 • 571 0640 • www.caribwind.com*

3 Surf cerf-volant

Également centré autour des plages de surf de la région de Cabarete, ce sport relativement nouveau grandit en popularité. L'utilisation d'un immense cerf-volant pour gagner de la vitesse demande des vents moins puissants qu'une planche à voile. Avec une brise arrière, les bons surfeurs cerf-volistes réussissent à faire de prodigieux bonds. Kitexcite se spécialise dans cette activité. ✎ *Kitexcite : carte D1 • 571 9509 • www.kitexcite.com*

4 Motomarine

La présence de ces puissants petits engins est chose commune dans les centres de villégiature établis. Louez-en un et prenez une courte leçon de conduite. La prudence est de mise car les accidents avec les nageurs et les autres embarcations moins rapides peuvent facilement survenir.

5 Plongée autonome

La plupart des entreprises de plongée appartiennent à des Européens ou à des Nord-Américains. Vous pouvez louer de l'équipement et prendre des cours avant de vous lancer à l'aventure aux quatre coins du pays. Découvrez des épaves datant du XVIe s., des récifs de coraux de même que la faune et la flore aquatique. Essayez le Tropical Dive Centre, le Tropic Banana Hotel de Las Terrenas *(p. 20-21)* ou encore le Viva Diving de Bayahibe. ✎ *Tropical Dive Centre : carte F2, 481 0178 • Viva Diving : carte G4, 686 5658.*

6 Équitation

Les plages de la Costa del Coco *(p. 22-23)* sont idéales pour faire de l'équitation dans un paysage pittoresque de cocotiers et d'océan. Les hôtels et les voyagistes peuvent facilement faire des réservations pour vous. ✎ *Sea Horse Ranch : carte D1 • près de*
Équitation *Sosúa • 571 3880.*

7 Grottes sous-marines

Les terrains accidentés en castine du pays sont parsemés de grottes et de canyons sous-marins que

*Pour de plus amples renseignements sur le Sea Horse Ranch, visitez le **www.sea-horse-ranch.com***

les plongeurs expérimentés peuvent explorer. Vous pouvez nager dans les tunnels et examiner les énormes éponges et autres créatures marines qui vivent dans la semi-obscurité de ce monde sous-marin. Caradonna peut organiser pour vous ces excursions. ✪ *Caradonna Caribbean Tours, 330 3322 • www.caradonna.com.*

Excursions en catamaran

Les excursions en catamaran connaissent beaucoup de succès et vous sont proposées dans tous les hôtels de plage. Elles durent quelques heures et se terminent normalement avec un repas dans une petite baie. El Caballo organise ce type d'excursions. ✪ *El Caballo Tours • 240 6249 • www.elcaballotours.com*

Voiliers, Luperón

Voiliers

Des bateaux et des catamarans sont disponibles dans tous les principaux centres de villégiature du pays. Les petites embarcations Hobie One, que l'on retrouve dans les centres tout-inclus de Bávaro, Boca Chica *(p. 71)*, Puerto Plata, Punta Cana et Bayahibe, constituent une option intéressante.

Plongée libre

Un tuba et un masque peuvent vous permettre de découvrir un monde sous-marin multicolore de roches, de récifs et de hordes de poissons. Les plages de Las Terrenas s'avèrent un excellent point de départ pour la plongée libre.

Plages offrant des activités

Cabarete
Plage la plus connue et souvent la plus achalandée pour tous les types d'activités de surf. ✪ *Carte D1.*

Las Salinas
Autre lieu de prédilection pour les surfeurs, cette plage au sable blanc s'étend entre les salants et les dunes onduleuses. ✪ *Carte C5.*

Playa Punta Cana
Longue frange de sable fin offrant une panoplie de sites pour le kayak, la voile et la plongée libre. ✪ *Carte H5.*

Playa Bávaro
Grande plage où des centres de plongée indépendants rivalisent avec les centres touristiques tout-inclus. ✪ *Carte H4.*

Playa Dorada
Plage de sable immaculé idéale pour le parapentisme et la construction de châteaux de sable. ✪ *Carte C1.*

El Portillo
Domicile du plus grand tout-inclus de la péninsule de Samaná, cette plage populaire propose toutes les activités sportives imaginables. ✪ *Carte F2.*

Sosúa
Petite baie protégée au centre de la ville et dotée de récifs facilement accessibles et idéaux pour la plongée libre. ✪ *Carte D1.*

Playa Dominicus
Entourée de centres tout-inclus, cette plage sécuritaire est idéale pour la planche à voile et le kayak. ✪ *Carte G4.*

Las Terrenas
Plusieurs activités y sont proposées, dont la baignade et la plongée libre. ✪ *Carte F2.*

Boca Chica
Bondée les week-ends, cette plage en pente douce s'avère idéale pour la baignade et la plongée libre pour débutants. ✪ *Carte F4.*

Gauche **Playa Isabela** Droite **Playa Rincón**

🔟 **Plages tranquilles**

1 Playa del Morro
Une piste rocheuse dans la montagne d'El Morro mène à une plage de sable blanc désertée. La plage est entourée d'imposantes falaises mais les eaux de cette spectaculaire anse sont calmes et protégées. Les couchers de soleil y sont superbes. ✎ *Carte A1.*

2 Playa Isabela
Gravée dans l'histoire comme le site du premier établissement permanent des Européens en Amérique, cette étendue de sable dénuée, bordée d'une végétation qui apporte un peu d'ombre, attire plus de touristes. Les eaux fraîches de la rivière qui se jette dans la mer à cet endroit abritent un écosystème intéressant qui mérite d'être exploré.

3 Playa Bonita
Cette plage est probablement ce qu'il y a de plus près de l'image traditionnelle du paradis tropical. Le sable blanc se perd dans les eaux turquoise de la mer, sous la vigile d'une rangée de cocotiers. Même les hôtels et les

Chaloupes, Playa Isabela

maisons des hôtes des environs ne réussissent pas à troubler la paix de cette plage paradisiaque *(p. 21).* ✎ *Carte E2.*

4 Playa Rincón
Le manque d'accessibilité de cette plage, résultat du piètre état de la seule route qui s'y rend, a protégé cette petite baie contre le développement envahissant. Mais des plans pour y construire bientôt un nouveau complexe hôtelier sont en développement. Les cocotiers valsent élégamment autour du sable blanc immaculé et la mer y est plus bleue que le firmament *(p. 102).* ✎ *Carte F2.*

5 Playa Limón
Plage se prêtant plus à l'exploration qu'à la baignade. Une longue et sauvage étendue désertique de 10 km où les brisants viennent se fracasser contre le sable jonché de palmiers. Faisant partie d'un parc national protégé, cette plage a su fuir le développement et offre des sites naturels à l'état pur, avec ses mangroves, ses vergers de cocotiers et ses moustiques affamés. ✎ *Carte G3.*

6 Playa Macao
Située seulement à quelques kilomètres des plages bien entretenues de Bávaro et de Punta Cana, cette étendue de sable qui décrit une courbe majestueuse le long du littoral sauvage est très peu exploitée. Les violentes vagues et leurs puissants ressacs découragent la plupart des nageurs, mais la baie de Punta Macao est plus sécuritaire grâce à la protection qu'offre son promontoire. ✎ *Carte H3.*

7 Playa Corbanito

Le sable gris qui compose cette plage n'est pas le plus raffiné du pays, mais la vue sur la Bahía de Ocoa et la distante cordillère est époustouflante. L'eau de la baie est calme et invitante. La plage, laissée tranquille par les touristes et utilisée que par quelques pêcheurs, est apaisante. ◈ Carte C5.

8 Playa Baoruco

Hébergeant l'une des nombreuses petites plages du littoral méridional de Barahona (p. 110), Baoruco est plus un village de pêcheur qu'un lieu de villégiature touristique, bien qu'un hôtel tout-inclus se trouve à proximité. Le sable blanc de cette jolie plage est plutôt rêche mais la vue sur les montagnes boisées est remarquable. ◈ Carte B5.

Playa Cabo Rojo

9 Playa Cabo Rojo

Reposant sur le littoral du Parque Nacional Jaragua (p. 111), la plage du Cap Rouge doit son nom aux couches rouges de bauxite qui ont jadis fourni une usine de traitement maintenant abandonnée. L'aspect sauvage de l'endroit attire des manchots et d'autres espèces d'oiseaux. ◈ Carte A6.

10 Playa Pedernales

Sise tout près de la frontière haïtienne, cette plage désertée surplombe une mer tranquille et offre un panorama sur le promontoire de Cabo Rojo au sud. Peu d'infrastructures se trouvent ici mais la plage prend vie en soirée lorsque les pêcheurs retournent à leur village. ◈ Carte A5.

Baoruco Beach Resort, Baoruco

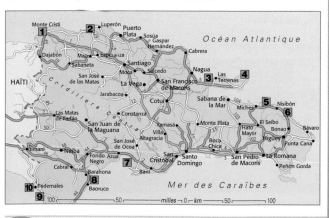

Gauche **Santo Cerro** Droite **Vue de la Forteresse San Felipe, Puerto Plata**

🔟 Panoramas

1 Torre del Homenaje, Saint-Domingue

Après avoir surmonté le défi de l'ascension de l'escalier en colimaçon, jetez un coup d'œil à l'embouchure du fleuve Ozama et au phare de Colomb qui se dresse de l'autre côté du cours d'eau. La vue panoramique de la Zona Colonial, un ensemble d'édifices peu élevés blanchis à la chaux au milieu duquel se nichent de luxuriants arbres tropicaux, demeure cependant le clou du spectacle. ✎ *Carte P5 • Calle Las Damas • Ouv. lun.-sam., 10h-15h et dim., 9h-17h • EP.*

2 Carretera 12

La route sinueuse mais bien entretenue qui relie Bonao (p. 80) à la vallée de Constanza est l'une des plus fabuleuses du pays. Elle serpente à travers des forêts de pins et au-dessus de ruisseaux torrentiels. À mesure que la température diminue, apparaissent de superbes vues sur les chaînes de montagnes et sur la vallée. ✎ *Carte C3.*

3 Santo Cerro

Site de la victoire espagnole sur les Taïnos et lieu saint de pèlerinage, cette église érigée au sommet d'une montagne est entourée d'un belvédère qui offre un impressionnant panorama sur la fertile vallée de Cibao. Hormis les palmiers, les montagnes couvertes de forêts et le fond verdoyant de la vallée ressemblent à un paysage européen (p. 81). ✎ *Carte D2.*

4 Pico Duarte

Cette montagne offre de superbes panoramas, mais seuls les meilleurs randonneurs peuvent entreprendre l'expédition pour se rendre au sommet de la plus haute montagne des Caraïbes. Les jours où l'air est clair, il est possible de voir la mer des Caraïbes au sud de même que l'immense Lago Enriquillo à l'ouest. (p. 13 et 40).

5 Monumento a los Héroes, Santiago

Le monument de Trujillo est loin de plaire à tous, mais une ascension au sommet de la tour permet d'apprécier la taille surprenante de la ville ainsi que la campagne avoisinante. L'ascenseur, hélas, n'est plus

Vue sur le fleuve depuis la Torre del Homenaje

fonctionnel, mais l'effort en vaut la peine *(p. 15 et 52)*. ✎ *Carte D4.*

6 Forteresse de San Felipe, Puerto Plata

Depuis les remparts de cet ancien bastion situé sur un promontoire, l'océan Atlantique, la calme baie de Puerto Plata de même que le majestueux Pico de Isabel de Torres s'offrent à la vue *(p. 17)*. Les fins d'après-midi y sont spectaculaires, lorsque la montagne change de couleur avec le coucher du soleil *(p. 16)*. ✎ *Carte C1.*

7 Pico Isabel de Torres, Puerto Plata

Gardé par la statue de 16 m du Christ, le long littoral Atlantique se perd à l'horizon et domine la ville de Puerto Plata *(p. 16-17)*. Vous pouvez apercevoir des hôtels et d'autres développements modernes alignés le long des plages blanches. La cathédrale ainsi que les montagnes intérieures de la cordillère septentrionale sont clairement visibles. ✎ *Carte C1.*

8 Naranjita

La route tortueuse qui relie le centre de villégiature de Las Terrenas *(p. 20 21 et 102)* à la ville de Sánchez se développe au-dessus de l'épine dorsale de la péninsule et atteint 400 m d'altitude près du village de

Le Río Chavón depuis Altos de Chavón

Naranjita. Depuis le bord de la route se dessine une vue impressionnante sur des vergers de cocotiers de même que sur le littoral et les îles au large. ✎ *Carte F2 • péninsule de Samaná.*

9 Altos de Chavón

Ce faux village toscan offre un merveilleux panorama escarpé sur la rivière Chavón, qui coule doucement à travers un ravin boisé. Une dense forêt se dresse près de l'eau bordée de cocotiers *(p. 25)*. ✎ *Carte G4.*

10 Corbanito

Cette longue plage de sable gris jonchée de huttes de pêcheurs et de quelques palmiers fait face à la Bahía de Ocoa, une anse tranquille d'eau scintillante ceinturée de montagnes. La vue offre un délicieux mélange de coteaux distants et de firmament dominé par l'imposant sommet Sierra El Número. ✎ *Carte D5.*

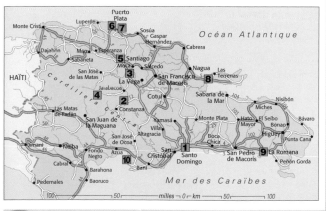

Gauche et centre **Catedral Santa María de la Encarnación** Droite **Catedral de Santiago Apóstol**

🔟 Lieux de culte

1 Capilla de la Virgen del Rosario, Saint-Domingue

Située sur la rive industrielle du fleuve Ozama, cette petite chapelle rappelle l'originalité de la capitale nationale. L'église, dont la première chapelle de bois fut érigée en 1498, est une simple structure blanchie à la chaux, avec trois portails de briques. ◈ *Carte P5 • Av. Olegario Vargas • Ouv. 10h-16h.*

2 Catedral Santa María de la Encarnación, Saint-Domingue

Plus vieille cathédrale d'Amérique, cette imposante construction est un joyau des styles gothique, baroque et de la Renaissance, avec un autel en acajou, des frises et des sculptures élaborées ainsi que des vitraux. Elle est divisée en 14 chapelles, dont l'une contient les restes de Colomb. ◈ *Carte P5 • Parque Colón • Ouv. 8h-16h.*

3 Santa Bárbara, Saint-Domingue

La nature incertaine de la vie coloniale se reflète dramatiquement à travers cette église fort assymétrique dédiée à la sainte patronne des soldats utilisant des explosifs. Les pirates de sir Francis Drake la vandalisèrent en 1586 avant qu'elle ne soit endommagée par un ouragan. ◈ *Carte P4 • Calle Isabel la Católica • Ouv. 8h-19h.*

4 Iglesia Parroquial, San Cristóbal

Cette gigantesque église paroissiale couleur moutarde avec une imposante place frontale bordée d'arbres, fut construite à un prix exorbitant en 1946 par Trujillo pour honorer sa ville natale. ◈ *Carte D4 • Parque Duarte • Ouv. 8h-17h.*

5 Catedral de Santiago Apóstol, Santiago

Observez les sculptures raffinées des portes d'acajou de cette cathédrale datant de 1895. Des scènes bibliques de saint Jacques y sont évoquées. Bien qu'elle soit souvent fermée, les trois allées intérieures, la tombe de marbre d'Ulises Heureaux *(p. 31)* et les vitraux modernes de l'artiste contemporain Rincón Mora valent le déplacement. ◈ *Carte C2 • Parque Duarte • Ouv. 8h-17h.*

6 Catedral San Felipe, Puerto Plata

Mélange symétrique de vieux et de neuf, cette cathédrale récemment rénovée domine le centre historique de la ville avec ses deux tours blanchies à la chaux et renforcées au béton *(p. 17)*. ◈ *Carte C1 • Calle Duarte • Ouv. 9h-17h.*

Détail du portail de la Catedral San Felipe

7 Synagogue juive, Sosúa

Rappel poignant de la communauté juive qui fuit l'Allemagne nazie pour établir une colonie ici, cette modeste synagogue à un étage, avec ses motifs

Iglesia San Pedro Apóstol

distinctifs de l'étoile de David, constitue un édifice de bois simple mais attrayant. ❧ *Carte D1*
• *Calle Martínez* • *Sur rendez-vous.*

8 La Churcha, Samaná

Cette église non conformiste au toit rouge fut construite en 1823 à l'aide de pièces préfabriquées envoyées d'Angleterre par des méthodistes pour les anciens esclaves anglophones nord-américains qui s'étaient établis ici sous l'autorité haïtienne.
❧ *Carte F2* • *Santa Bárbara et Duarte*
• *Ouv. 9h-17h.*

9 Basílica de Nuestra Señora de la Altagracia, Higüey

La plus grande église du pays fut conçue dans les années 1950 pour remplacer l'église originale du site de pèlerinage annuel du 21 janvier en l'honneur de la Vierge de la Altagracia, la sainte patronne de la nation *(p. 50)*. ❧ *Carte G4* • *La Altagracia*
• *Ouv. 9h-17h.*

10 Iglesia San Pedro Apóstol, San Pedro de Macorís

Cette importante église avec ses hauts clochers à tourelles comprend une porte romane, des gargouilles de style gothique et une imitation de rosace. Construite en 1911, elle est depuis longtemps associée aux *cocolos* anglophones. ❧ *Carte F4*
• *Av. Independencia/Calle Charro*
• *Ouv. 9h-17h.*

Édifices religieux de la Zona Colonial

1 Casa de los Jesuitas (1508)

Cette construction, dotée d'une superbe cour intérieure, abritait une école de rhétorique dirigée par des Jésuites. ❧ *Carte P5*

2 Monasterio de San Francisco (1508)

Des concerts ont lieu dans ces ruines du premier monastère du Nouveau Monde. ❧ *Carte N5*

3 Hospital San Nicolás de Barí (1503)

Premier hôpital du Nouveau Continent, maintenant en ruines, il fut construit en forme de croix. ❧ *Carte N5*

4 Iglesia de la Altagracia (1922)

Cette église victorienne fut célèbre pour ses guérisons miraculeuses. ❧ *Carte N5*

5 Iglesia Santa Clara (1552)

Premier couvent franciscain des Amériques. ❧ *Carte P6*

6 Convento de los Dominicos (1510)

Cet édifice devint la première université des Amériques en 1538. ❧ *Carte N6*

7 Iglesia Regina Angelorum (1650)

Le riche autel baroque de cet édifice menaçant est des plus impressionnants. ❧ *Carte N6*

8 Iglesia San Lázaro (1650)

Église et hôpital qui veillait sur les lépreux. ❧ *Carte N5*

9 Iglesia del Carmen (1590)

L'organisation trinitaire secrète de Duarte se rencontrait à cet endroit pour comploter l'indé-pendance. ❧ *Carte N6*

10 Iglesia de Nuestra Señora de las Mercedes (1555)

Église pourvue d'une chaire d'acajou typique. ❧ *Carte N5*

Gauche **Masques de carnaval, La Vega** Droite **Parade du carnaval, Jour de l'Indépendance**

Festivals et fêtes

Jour de l'An
Les Dominicains accueillent la nouvelle année avec un exubérant concert de groupes populaires du pays sur la Avenida Francisco Alberto Camaño Deñó à Saint-Domingue. D'autres villes et villages organisent des concerts à plus petite échelle mais tout aussi bruyants.

Jour des Rois Mages
Cette journée durant laquelle se font les échanges de cadeaux est une partie importante des vacances des fêtes. À San Pedro de Macorís, certaines des vedettes millionnaires du base-ball distribuent traditionnellement des bâtons, des balles et des gants. ✆ *6 jan.*

Virgen de Altagracia
Le pèlerinage annuel à la basilique de béton moderne de Higüey rassemble des milliers de Dominicains qui viennent prier la sainte patronne de la nation avant de fêter longuement. Des services et des vigiles ont lieu partout mais le rassemblement de Higüey constitue la plus impressionnante expression de la foi catholique d'origine africaine. ✆ *21 jan.*

Carnaval
Chaque ville dominicaine organise des célébrations durant la dernière semaine de février. La Vega

Costume de diablotin, Carnaval

(p. 81) est reconnue pour ses masques de Carnaval en forme de diablotin alors que la ville de Monte Cristi *(p. 95)* est le théâtre de turbulents combats de rues entre des factions rivales. ✆ *Fin fév.*

Jour de l'Indépendance
La période du Carnaval, qui coïncide avec l'anniversaire de l'indépendance du pays de l'occupation haïtienne, atteint son apogée à Saint-Domingue lors d'une parade de déguisements et d'orchestres le long du Malecón. ✆ *27 fév.*

La semaine sainte
La Semana Santa est la période religieuse la plus importante de l'année et les Dominicains en profitent pour aller à l'église, à une fête ou aux deux. Les célébrations catholiques sont accompagnées de cérémonies vaudoues d'influence africaine dans les plantations de sucre où vivent les immigrants haïtiens. ✆ *Mi-avril.*

Festival de merengue
La deuxième partie du mois de juillet est le théâtre d'une spectaculaire démonstration des talents musicaux dominicains, lorsque le Malecón de Saint-Domingue présente une série de concerts d'artistes connus et de nouveaux venus. ✆ *Juil.*

Jour de la Restauration

Le grandiose Monumento a los Héroes de la Restauración *(p. 15)* accueille une immense fête pour commémorer la « deuxième indépendance » du pays aux mains des Espagnols en 1865, suite à une guérilla qui commença à Santiago *(p. 14 et 81)*. Une célébration musicale a également lieu à la Plaza España de Saint-Domingue. ✹ *16 août.*

Festival de merengue

Durant la troisième semaine d'octobre, le port de Puerto Plata accueille un festival de merengue d'une semaine. La plupart des célébrations ont lieu sur le tranquille Malecón qui, durant cette période de l'année, prend vie grâce aux spectacles et aux innombrables bars extérieurs. ✹ *Oct.*

La Toussaint

Les Catholiques et les adeptes de vaudou célèbrent le Jour des Morts. Des familles visitent des cimetières pour communier avec les défunts et apportent de modestes offrandes, comme des fleurs et de la nourriture. Ce rituel est pris très au sérieux dans les régions près de la frontière haïtienne. ✹ *1er nov.*

La Toussaint : Jour des Morts

Les meilleurs festivals

Azua (19 mars)

Grande célébration patriotique qui commémore la victoire dominicaine contre les forces haïtiennes en 1844.

Puerto Plata (3 mai)

Cette ville célèbre bruyamment le jour de son saint patron, San Felipe.

Monte Cristi (30 mai)

Festivités en l'honneur de Fernando, monarque espagnol du xvie s. devenu saint patron de la région.

San Juan de la Maguana (17-24 juin)

Saint-Jean Baptiste est vénéré durant ce festival folklorique à caractère religieux.

San Pedro de Marcorís (29 juin)

La ville célèbre son saint patron, San Pedro Apóstol, avec de la musique et de la danse.

Santiago (24-26 juillet)

Santiago Apóstol, terreur des Maures, est l'objet d'une grande vénération.

Higüey (14 août)

Le pays des cow-boys se laisse aller avec ce festival campagnard de taureaux.

Baní (21 novembre)

Célébration où des représentations de Nuestra Señora de Regla, la sainte adoptée par la ville, sont brandies dans les rues de la ville.

Boca Chica (30 novembre)

Cette *fiesta patronal* de Saint-André se célèbre dans cette ville touristique de la côte méridionale.

Samaná (4 décembre)

Le jour de Santa Bárbara constitue le prétexte pour les processions et les fêtes à Santa Bárbara de Samaná *(p. 101)* durant lesquelles on joue de la *bamboula*, une musique régionale populaire.

Gauche **Monumento a los Héroes** Centre et droite **À la plage de Boca Chica**

Où rencontrer des Dominicains

1 Parque Central

Chaque ville dominicaine possède sa place centrale protégée du soleil et grouillante de monde. Il s'agit de l'endroit idéal pour observer les gens, surtout en début de soirée lorsque la plupart d'entre eux flânent. N'ayez pas peur de leur sourire et de les aborder en espagnol.

2 Le Malecón, Saint-Domingue

Tous les soirs, ce boulevard situé en bord de mer attire des foules en quête d'un peu de fraîcheur. Tôt ou tard, vous n'aurez d'autre choix que d'engager la conversation dans l'un des bars ou autres endroits publics. Des arnaqueurs s'y trouvent, mais plusieurs groupes de sympathiques familles s'y rassemblent aussi, surtout les dimanches *(p. 10)*. ✎ *Carte M4.*

Art haïtien en vente au Malecón

3 Calle El Conde

Cette rue commerciale piétonnière n'est pas la plus belle en ville mais elle déborde toujours de vie. Fuyez la chaleur en vous introduisant dans l'un des bars ou cafés et vous rencontrerez des gens *(p. 10)*. ✎ *Carte N5.*

4 Parque Mirador del Sur

Vaste et paisible étendue de pelouse, d'arbres et de pistes bien entretenus, le parc attire coureurs, skateurs et promeneurs. Les plus jeunes habitants se rassemblent ici avec leur famille, surtout le matin et le soir, lorsque la route qui traverse le parc est fermée aux automobilistes *(p. 11)*. ✎ *Carte J4.*

5 Monumento a los Héroes de la Restauración

Cette sottise de Trujillo est reconnue pour son panorama, mais le grand espace ouvert qui l'entoure est un autre agréable lieu de rassemblement des Dominicains. De sympathiques cafés se trouvent à proximité mais la place prend surtout vie les week-ends et les jours fériés *(p. 15 et 46)*.

6 Plages publiques

Bien que peu de plages soient privées, les Dominicains hésitent souvent à utiliser les étendues de sable près des complexes touristiques. Faites changement en visitant une plage publique, comme Boca Chica ou Juan Dolio, où des familles s'amusent bruyamment et sans retenue.

7 Parties de base-ball

Assister à une partie de base-ball constitue autant une expérience sociale que sportive. La foule est passionnée mais respectueuse et les discussions, les cocktails et les collations font partie intégrante du match. Si ce sport

...ous intéresse, vous vous ferez de ...ouveaux amis (p. 38).

Carnaval
Le Carnaval se célèbre partout ...n février et fait sortir le côté plus ...régaire des Dominicains, avec des ...ournées consacrées au merengue, ...la musique et au rhum. Certains ...tuels traditionnels sont plutôt ...urbulents et les spectateurs ...squent fort bien d'être ...spergés d'eau, mais ...accent est mis sur ...e plaisir (p. 50).

Musicien de carnaval

Colmados
Le bars do quar-
...ier représentent
...ne solide institution
...ominicaine. Les
...étrigérateurs y sont
...oujours bien remplis
...et une télévision ou une
...nusique apaisante com-
...olète l'atmosphère.

Marchés
Qu'il s'agisse de grands halls
...ouverts ou de quelques kiosques
...ur un coin de rue, les marchés
...eprésentent d'excellentes occa-
...sions pour socialiser. Peut-être ne
...voudrez-vous rien acheter, mais
...'atmosphère qui y règne vaut le
...déplacement.

Boutique à Playa Sosúa

Coutumes et croyances

Politesse
La courtoisie hispanique traditionnelle est de mise. Par exemple, en saluant les gens présents
lorsque l'on entre dans un endroit.

Tenue vestimentaire
Même les Dominicains pau-
vres font un effort pour se vêtir
élégamment. Les tenues
débraillées ne sont pas appréciées.

L'Église
Presque tous les Dominicains
se disent catholiques même si un
faible pourcentage va régulièrement à l'église.

Brujería
Le terme dominicain pour
magie, blanche ou noire, en quoi
la plupart des gens croient.

Botánicas
Kiosques ou boutiques où
des représentations et des
potions religieuses ou de *brujería*
(voir ci-dessus) sont vendues.

Siestas
Bien que certains bureaux et
boutiques restent ouverts toute
la journée, la plupart des gens
aiment faire la sieste en
après-midi.

Empressement
Terme presque inconnu, les
Dominicains n'aimant pas les
étrangers agressifs qui ne savent
comment relaxer.

Ponctualité
Flexible, surtout dans les
situations sociales. Par contre, les
autobus et les visites organisées
sont normalement à l'heure.

Machisme
Idéologie enracinée chez la
plupart des hommes, qui aiment
flirter pendant que leur femme
reste à la maison.

Politique
Les élections, qui ont lieu
tous les deux ans, maintiennent
l'intense rivalité entre les partis,
malgré le scepticisme des gens
à l'égard des promesses des
politiciens.

Gauche **Mercado Modelo** Droite **Vente de tableaux à la plage de Cortacito**

Magasinage

Mercado Modelo, Saint-Domingue

Zone commerciale la plus mouvementée en ville, ce dédale de kiosques aménagés dans un hangar de béton est entouré de rues bondées de vendeurs ambulants. L'attirail de souvenirs qu'on y vend comprend des peintures haïtiennes, des sculptures, du rhum, des CD et des objets exotiques vaudou.
⬡ Carte N5 • Av. Mella 505 • Ouv. 8h-19h.

Calle El Conde

Cette rue commerciale piétonnière de Saint-Domingue est l'endroit idéal pour se procurer des albums de merengue et de bachata, des cigares, des t-shirts bon marché et d'autres aubaines. Les boutiques de souvenirs des rues adjacentes méritent d'être explorées (p. 52).

Museo Mundo de Ambar, Saint-Domingue

Bien qu'il existe plusieurs boutiques d'ambre dans la Zona Colonial,

Fines herbes en vente, Mercado Modelo

celle-ci est l'une des plus réputées et vend des jolis bijoux fabriqués avec de l'ambre et avec du larimar turquoise. Une exposition explique le procédé de transformation et un artisan au travail s'y trouve souvent.
⬡ Carte P5 • 452 Arzobispo Meriño • 682 3309 • Ouv. lun.-sam., 9h-18h.

Ambre

Plaza Central, Saint-Domingue

Un des nombreux complexes de style américain en développement dans les quartiers chics de la capitale, ce centre commercial frais et spacieux comprend des boutiques de vêtements, des ateliers de cuir et de bijoux, des boutiques de chaussures, des banques, un cinéma, des bars de karaoke, des restaurants et des casse-croûte.
⬡ Carte J3 • Av. 27 de Febrero/Winston Churchill • Ouv. lun.-sam., 9h-20h.

Librería Thesaurus, Saint-Domingue

Cette librairie moderne et attrayante offre une grande sélection de livres sur l'histoire du pays et de titres en anglais, dont certains livres pour enfants. Le feuilletage est bienvenu. De plus, un café-bar sur place vous propose des collations et de délicieuses boissons frappées. ⬡ Carte K3 Av. Abraham Lincoln/Av. Sarasota • 508 1114 • Ouv. lun.-sam., 9h-21h et dim., 10h-15h.

Marchés aux puces

Le dimanche matin, plusieurs *mercados de pulgas* tumultueux se tiennent dans la capitale. Les marchés du Centro de los Héroes, de la Avenida Luperón et de la Avenida 30 de Mayo proposent des articles originaux, des antiquités d'occasion, des vêtements et de la nourriture bon marché. ◈ *Dim., 7h-12h.*

Calle del Sol
7 Cette longue rue de la zone commerciale traverse le centre-ville et est bordée de grands magasins traditionnels, de banques et de kiosques. Vous y trouverez de tout, dont des lunettes de soleil de « designer » en provenance d'Haïti *(p. 15).* ◈ *Carte C2.*

Plaza Playa Dorada
8 Le plus grand centre commercial de la côte septentrionale est constitué d'un ensemble de points de vente pour touristes de style californien sur deux étages. Les cigares, cosmétiques et vêtements sont les meilleurs vendeurs. ◈ *Carte C1 • 320 0000.*

Marchés de plage
9 Les grands centres touristiques, comme ceux de Bayahibe et Bávaro, permettent souvent à de petits vendeurs d'installer leur kiosque. On peut y trouver de véritables aubaines, loin des prix exagérés des centres commerciaux. Achetez-y du rhum, de la musique, des objets d'art haïtien et des tissus *(p. 23).*

Colmados
10 Les sympathiques boutiques de coin de rue, qui sont souvent aussi des bars, représentent le meilleur endroit pour acheter des produits simples, comme des boissons, des collations et du savon. Vous n'y trouverez pas grand-chose mais le rhum s'y vend moins cher que dans les boutiques touristiques *(p. 53).*

Les meilleurs achats

1 Ambre
De jolis bijoux sont confectionnés à partir de cette résine couleur or. Assurez-vous de l'authenticité du matériel.

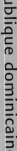

2 Larimar
Ce minéral bleu est extrait des mines du pays et se vend à l'état naturel ou sous forme de bijou.

3 Cigares
Certains amateurs considèrent que les cigares dominicains roulés à la main sont meilleurs que les cubains en plus d'être moins dispendieux.

4 Rhum
Blanc, ambre ou *añejo* (foncé et vieilli), chaque variété comporte ses particularités et coûte beaucoup moins cher qu'à la maison.

5 Sculptures de bois
Les bois et les assiettes sculptés dans le bois dur *guayacán* sont solides et colorés.

6 Objets d'art taïno
Il ne s'agit évidemment pas d'originaux mais il est possible de trouver des répliques de qualité dans les musées et boutiques.

7 Masques de carnaval
Les plus connus sont les masques de diablotin multicolores en papier mâché de La Vega, en vente à Saint-Domingue.

8 Art haïtien
Bien que la plupart des objets soient kitsch et produits en série, vous pourriez tomber sur une resplendissante scène rurale.

9 Disques compacts
Le choix d'albums de merengue et de bachata est déroutant. Demandez au vendeur de vous en faire jouer.

10 Café
Certains des meilleurs grains aromatiques des Caraïbes cultivés en montagne se vendent à prix raisonnables dans des emballages scellés sous vide.

Gauche et droite **La Atarazana, Saint-Domingue**

🔟 Restaurants

1 La Résidence, Saint-Domingue

Ce manoir colonial en pierre récemment restauré, ayant jadis appartenu au gouverneur Nicolás de Ovando, est maintenant un hôtel de luxe où gastronomie et romantisme vont de pair. L'endroit semble sortir directement du XVIe s. et propose de délicieux mets méditerranéens. ✎ *Carte P5 • Calle Las Damas • 685 9955 • Ouv. 12h-15h, 19h-23h • $$$$$.*

2 El Conuco, Saint-Domingue

Ce restaurant aux allures de résidence rustique se spécialise dans la cuisine dominicaine. Essayez le buffet à prix fixe, qui offre plus de variété en soirée qu'en après-midi, ou commandez à la carte. Les danseurs et les musiciens sont habillés en costume du pays *(p. 76)*. ✎ *Carte M3 • Casimiro de Moya 152 • 686 0129 • Ouv. 11h-15h,18h-24h • $$.*

La Résidence, Hostal Nicolás de Ovando

3 La Atarazana, Saint-Domingue

Établi dans un vieil édifice colonial et connu pour ses mets de fruits de mer régionaux et internationaux, ce restaurant est un endroit paisible pour manger entre deux visites ou pour dîner. ✎ *Carte P5 • Plaza España • 689 2900 • Ouv. à partir de 12h • $$$.*

4 Mesón de la Cava, Saint-Domingue

Située dans une grotte naturelle et originalement éclairée, La Cava est populaire auprès des amateurs de steak et de fruits de mer *(p. 76)*. ✎ *Carte J4 • Parque Mirador del Sur • 533 2818 • Ouv. 11h30-17h, 17h30-24h • $$$$.*

5 Rancho Luna Steak House, Santiago

Les steaks servis ici sont gros et juteux mais le menu propose aussi du poisson. Ambiance de piano-bar et intéressante carte des vins *(p. 85)*. ✎ *Carte J4 • Carretera Luperón 7,5 km • 736 7176 • Ouv. le midi et le soir • $$$.*

6 Blue Moon, Cabarete

Les réservations sont nécessaires pour manger dans cet authentique restaurant indien situé en campagne. Le dîner est servi sur des feuilles de banane et les convives s'assoient sur des coussins à même le sol. Allez-y en groupe de manière à goûter une variété de mets. ✎ *Carte D1 • Las Brazos • 223 0614 • Ouv. 12h-24h • $$$.*

Pour les catégories de prix Voir p.77

7 Vesuvio, Saint-Domingue

Ouvert en 1954, ce restaurant est l'un des meilleurs choix pour prendre un élégant repas.

Détail mural du Vesuvio

La cuisine est principalement italienne, avec des pâtes et des fruits de mer, mais propose aussi des mets caraïbéens. ✪ *Carte L4 • Av. George Washington 521 • 221 1954 • Ouv. 12h-15h et à partir de 19h • $$$$$.*

8 Pez Dorado, Santiago

Bistro bien établi et populaire auprès des résidents plus nantis pour les repas familiaux du dimanche et les rendez-vous d'affaires. La menu propose des mets chinois, dominicains et internationaux. Les aliments et les vins sont excellents et les portions sont généreuses. ✪ *Carte C2 • Calle del Sol 43, Santiago de los Caballeros • 582 2518 • Ouv. 12h-24h • $$$$.*

9 El Café, Santiago

Avec son décor chic et ses tables joliment disposées, le Café attire la haute société de Santiago. Le chef élabore d'excellents mets internationaux, dont de l'agneau, du steak et du poisson. ✪ *Carte C2 • Av. Texas/Calle 6, Jardines Metropolitanos, Santiago de los Caballeros • 587 4247 • À partir de 12h • $$$$.*

10 Restaurante Sully, Saint-Domingue

Un bon endroit pour les amateurs de fruits de mer, avec de généreuses portions de poisson, de crevettes et d'autres mets. La soupe de fruits de mer y est excellente. Les prises de la journée, toujours fraîches, sont aussi un très bon choix. ✪ *Carte L4 • Av. Charles Summer 19/calle Caoba, Los Prados • 562 3389 • Ouv. mar.-dim., 12h-15h et 19h-24h • $$$.*

Restaurants de plage

1 Las Salinas
Offre un menu varié, des hamburgers substantiels aux homards à 10 $ *(p. 113).*

2 Adrian Tropical, Saint-Domingue
Endroit idéal pour essayer les spécialités régionales, comme le *mofongo (p. 76).*

3 El Paraíso, Playa El Valle
Restaurant de plage à l'ombre des palmiers où l'on sert poissons et crevettes *(p. 104).*

4 Capitán Cook, Bávaro
Choisissez votre homard ou poisson fraîchement pêché dans ce restaurant animé *(p. 77).*

5 Neptuno's Club, Boca Chica
Restaurant de fruits de mer érigé au-dessus de la surface de l'eau dont le bar est une réplique de caravelle *(p. 77).*

6 On the Waterfront, Sosúa
Offre une vue spectaculaire sur les couchers de soleil *(p. 58).*

7 Casa Boga, Las Terrenas
Situé dans un ancien village de pêcheurs, ce restaurant propose de délicieux mets basques à base de fruits de mer et de poisson *(p. 104).*

8 Villa Serena, Las Galeras
La vue d'un îlot planté d'un seul palmier est particulièrement romantique *(p. 133).*

9 Lax
Populaire auprès des véliplanchistes et des surfeurs cerf-volistes pour ses mets mexicains et ses sushis. ✪ *Carte D1 • Cabarete • Ouv. à partir de 11h • $$$*

10 La Casa del Pescador
Propose des fruits de mer et des poissons frais dont une succulente paella pour deux. ✪ *Carte D1 • Cabarete • 571 0760 • Ouv. 12h-23h • $$$$*

Gauche **Café Cito** Droite **Enseigne de On the Waterfront, Sosúa**

TOP 10 Bars

1 Atarazana 9, Saint-Domingue

Calculez vos visites de manière à pouvoir prendre l'apéro à cet endroit. Il s'agit de l'un des nombreux édifices autour de l'Alcázar de Colón *(p. 9)* à avoir été transformé en bar ou en restaurant. Le bar propose de bons cocktails. ✆ *Carte P4 • Zona Colonial • 688 0969 • Ouv. 11h-24h.*

2 Beer House, Saint-Domingue

La bière Presidente, brassée dans la région, est idéale pour les journées de chaleur, mais

Bière

plus de 40 bières des quatre coins de la planète vous sont proposées ici. L'atmosphère est détendue et sympathique et des musiciens jouent souvent du jazz. ✆ *Carte J2 • Gustavo Mejía Ricart/Winston Chruchill • 683 4804 • Ouv. à partir de 17h.*

3 Café Cito, Puerto Plata

Situé tout juste à l'extérieur d'un complexe hôtelier tout-inclus, ce bar attire les expatriés et les touristes des centres de villégiature. On y trouve une table de billard, des événements sportifs télédiffusés, de la musique jazz en direct et, les week-ends, du karaoke. ✆ *Carte C1 • Playa Dorada • 685 9955 • Ouv. lun.-sam. 10h30-24h.*

4 Jungle Bar, Puerto Plata

Ce bar tenu par des Anglais est très populaire auprès des Britanniques. Vous pouvez commander des sandwichs aux pommes de terre, des petits-déjeuners frits et toutes les boissons habituelles. Des soirées spéciales sont organisées lorsque le bar ferme tard. ✆ *Carte C1 • Plaza Turisol 12 • 261 3544 • Ouv. 10h-18h.*

5 On the Waterfront, Sosúa

D'abord et avant tout un restaurant, ce bar situé au sommet d'une falaise surplombant la mer est excellent pour un apéro devant un coucher de soleil. ✆ *Carte D1 • calle Dr Rosen 1 • Ouv. 8h-22h • Apéritifs de 16h-18h.*

6 Syroz, Las Terrenas

L'action de ce célèbre bar situé sur la plage près du Pueblo de los Pescadores tourne autour de la piste de danse mais des groupes de musique y jouent aussi les week-ends *(p. 105)*. ✆ *Carte F2 • 866 5577 • Ouv. 17h-4h*

7 José Oshay's Irish Beach Pub, Cabarete

Traversez la zone commerciale de José Oshay pour aboutir à ce bar de plage. Des repas sont offerts, bien qu'il s'agisse principalement d'un bar. Le soir, des véliplanchistes qui brûlent la chandelle par les deux bouts s'y retrouvent après une dure journée sur les vagues *(p. 91)*. ✆ *Carte D1 • 571 0775 • Ouv. de 8h-1h.*

8 Pop Lounge, Saint-Domingue

L'ambiance qui règne ici rappelle celle d'un club européen mais, bien qu'il y ait de la musique, il n'y pas de piste de danse. Le club compte plusieurs pièces et bars, tous décorés différemment. Les cocktails sont tout aussi variés que les décors. ✎ *Carte N5 • Arzobispo Nouel/Hostos, Zona Colonial • 686 5176 • Ouv. à partir de 21h.*

9 Alta Copa, Saint-Domingue

Anciennement une boutique de vin, le Alta Copa a été transformé en bar à vin de style cava espagnole. Cocktails et vins sont servis à ce lieu de rendez-vous des Dominicains. ✎ *Carte J4 • Pedro A Bobea, Bella Vista • 532 6405 • Ouv. à partir de 18h.*

10 Hemmingway's Café, Puerto Plata

Ce bar décoré à la Ernest Hemmingway, avec un attirail d'objets nautiques et de pêche, accueille les week-ends des groupes de musique ou organise des soirées de karaoke ; sinon, un DJ fait jouer de la musique rock, house ou latine. Il attire les vacanciers des centres touristiques à la recherche de changement. ✎ *Carte C1 • Centre commercial de la Playa Dorada • 320 2230 • Ouv. à partir de 11h.*

Hemmingway's Café, Playa Dorada

Les meilleurs cocktails

1 Bière Presidente
Cette lager de réputation internationale se sert normalement si froide qu'elle est presque congelée.

2 Rhum
Le rhum dominicain fait partie de l'élite des Caraïbes et est la boisson nationale du pays *(p. 55)*.

3 Ron Ponch
Rhum camouflé sous du jus de fruits sucré et cordial ; à consommer prudemment.

4 Café
Le café régional est excellent en espresso mais les hôtels offrent souvent du café instantané.

5 Lait de coco
Rien de mieux pour étancher la soif qu'un lait de coco bu directement dans une noix fraîchement coupée.

6 Jus
Une variété infinie de fruits tropicaux *(p. 65)* résultent en d'irrésistibles jus, avec ou sans sucre ajouté.

7 Batidas
Boisson frappée concoctée à partir de jus de fruits, de glace concassée et de lait concentré sucré.

8 Morir Soñando
« Mourir en rêvant » est le nom poétique donné à ce mélange de jus d'orange, de lait et de glace.

9 Refrescos
Le terme général pour les boissons gazeuses de différentes couleurs et teneurs en sucre.

10 Ponche de Frutas
Punch sans alcool de fruits mélangés pour faire changement de sa version servie avec rhum.

Gauche **Las Brisas, Cabarete** Droite **Crazy Moon, Puerto Plata**

Sorties nocturnes et merengues

1 Club 60, Saint-Domingue

Ce club ouvert les week-ends attire une foule plus âgée avec son mélange de rock classique, de merengue et de ballades. Les vendredis et samedis sont consacrés au merengue et les dimanches à la musique cubaine, avec ses rythmes différents. ◈ Carte L3 • Máximo Gómez 60 • Ouv. ven.-dim. à partir de 21h • EP.

2 Guácara Taína, Saint-Domingue

La décoration de cette boîte située dans une grotte naturelle se compose de stalactites et de pictogrammes taïnos. Des spectacles de danses nationales et des parades de mode ont lieu sur les deux pistes de danse du club (p. 75). ◈ Carte M3 • Paseo de los Indios, Av. Cayetano Germosén • 533 0671 • Ouv. mar.-dim., à partir de 21h.

3 Jet Set, Saint-Domingue

Un endroit décontracté où les Dominicains viennent danser au son de la musique latine. La fête ne

Jet Set, Saint-Domingue

décolle pas avant minuit et se poursuit jusqu'aux petites heures du matin. Des groupes de merengue jouent en direct les lundis (p. 75). ◈ Carte J4 • Independencia 2253 • 535 4145 • Ouv. à partir de 22h.

4 Salón La Fiesta, Saint-Domingue

Cet excellent hôtel international du Malecón offre une variété d'activités nocturnes. Commencez par un cocktail au piano-bar avant d'aller danser au son de la musique dominicaine de la discothèque. Lorsque vous serez fatigué, allez faire un tour au casino. ◈ Carte M4 • Jaragua Hotel • 688 8026 • Ouv. tard t.l.j.

5 Alcázar, Saint-Domingue

Ce restaurant-bar espagnol propose des repas et des tapas et possède un casino. Les vrais choses se mettent en branle vers 1 heure du matin lorsque les Dominicains, vêtus de manière provocante mais chic, se présentent pour passer du bon temps. ◈ Carte C3 • Gran Almirante Hotel & Casino, Estrella Sadhalá/Calle Santiago de los Caballeros 10 • Ouv. à partir de 22h.

6 Las Brisas, Cabarete

Située sur la plage à l'extrême Est de la ville, cette boîte de nuit animée offre un buffet Tex-Mex à prix raisonnable. Las Brisas est le seul endroit à Cabarete qui fait jouer du merengue et de la bachata le soir (p. 91). ◈ Carte D1 • Calle Principal • 571 0614 • Ouv. à partir de 8h, la cuisine ferme vers 22h.

7 D'Classico, Sosúa

Grande et divertissante discothèque où merengue, bachata, musique latine, rock et pop se côtoient. Les week-

Salsa

ends, la musique presque exclusivement dominicaine attire la jeunesse du coin, avide de socialiser avec les étrangers et de leur apprendre à danser *(p. 91)*. ✎ *Carte D1 • Calle Pedro Clissante • Ouv. à partir de 22h.*

8 Crazy Moon, Puerto Plata

Bar-discothèque où les DJ font jouer du merengue, de la salsa et de la musique internationale. Bien que la plupart des clients soient étrangers, plusieurs Dominicains s'y présentent pour apprendre à danser à qui le veut bien *(p. 91)*. ✎ *Carte C1 • Paradise Beach Resort, Playa Dorada • 320 3663 • Ouv. lun.-sam. 22h-4h.*

9 Arena, Saint-Domingue

L'un des meilleurs clubs gays en ville. Les soirées latex ont lieu le mercredi, les soirées message le vendredi et, le dimanche, les travelos et les strip-teaseurs sont à l'honneur. Du house et de la musique de danse jouent jusqu'à l'aube *(p. 75)*. ✎ *Carte N5 • Calle Mercedes 313 • 689 4163 • Ouv. mcr. dim., à partir de 22h.*

10 Loft Lounge & Dance Club, Saint-Domingue

Un endroit entraînant qui attire les groupes de merengue les plus populaires, dont Fernando Villalona et Los Hermanos Rosario. Dansez au son de la salsa et de la musique internationale que les DJ font jouer jusqu'à ce le sommeil vous gagne. ✎ *Carte K3 • Tiradentes 44, Naco • 732 4016 • Ouv. à partir de 22h.*

Les meilleures artistes de merengue

1 Conjunto Quisqueya
Un des grands orchestres populaires des années 1970 qui a adapté des rythmes folks traditionnels à la musique de danse urbaine.

2 Fulanito
Ce groupe mélange merengue, rap et hip-hop afin de produire de la musique « merenhouse ».

3 Juan Luis Guerra
Grande vedette internationale, ce musicien de formation classique combine le merengue à forte influence jazz aux sentimentales bachatas.

4 Milly Quezada
Chanteuse populaire et chef d'orchestre de renommée internationale depuis les années 1970, on l'appelle « la Reine du Merengue ».

5 Los Hermanos Rosario
Groupe constitué de six frères de Higüey ayant enregistré de nombreux albums à succès dans les années 1980.

6 Toño Rosario
Ancien membre de Los Hermanos Rosario, Toño, alias El Cuco, est toujours une superstar du merengue.

7 Luis Segura
Surnommé « le Père de la Bachata », ce vétéran chante la langoureuse version dominicaine de country et western.

8 Cuco Valoy
Musicien extrêmement talentueux et versatile à qui on attribue la tendance actuelle du merengue, où des influences africaines et cubaines se fusionnent

9 Wilfrido Vargas
Compositeur et interprète aux multiples talents qui a popularisé le merengue en Amérique latine.

10 Johnny Ventura
Un pionnier extraverti de musique de danse où les cuivres prédominent.

Gauche **Bandera Dominicana** Droite **Sancocho**

Mets dominicains

Bandera Dominicana

Mets qui se rapproche le plus de ce qui pourrait être le plat national, le « drapeau dominicain » ne comprend pas toutes les couleurs de l'emblème national mais il fournit un mélange nutritif de haricots rouges, de riz, de bœuf ou de dinde haché, de salade, d'avocat et de plantain frit ou de yucca bouilli. Ce mets est offert partout.

Sancocho

Proche parent des ragoûts de la Colombie et du Venezuela, le vrai *sancocho* ne contient pas moins de cinq types de viande (poulet, chèvre, porc, bœuf et saucisse) de même qu'une variété de légumes et d'épices. Ce mets des occasions spéciales reflète bien le mélange des influences européennes et africaines du pays.

Homard

Chivo Asado

La simple chèvre, que l'on retrouve sur tous les bords de route, fait partie des mets favoris du pays, surtout lorsqu'elle est rôtie après avoir mariné dans du rhum et des épices. Ce mets délicat est normalement réservé aux occasions spéciales et se mange avec le pain traditionnel *cassava*.

Lambi

Les poissons et les fruits de mer du pays, dont le bar, le homard et la crevette, sont simples et délicieux. Le mets traditionnel par excellence pour les Dominicains demeure cependant le *lambi*, servi froid avec une vinaigrette, ou chaud dans un ragoût de tomates à l'ail. Ce gros mollusque peut sembler un peu caoutchouteux mais son véritable attrait provient probablement de ses soi-disant attributs aphrodisiaques.

Mangú

Petit-déjeuner classique, sain et nourrissant qui n'a rien à voir avec les mangues et qui est constitué de purée de plantain arrosée d'huile d'olive, parfois assaisonné d'oignons frits ou de fromage. Un changement apprécié par rapport aux imitations de petits-déjeuners américains, ce mets satisfera les plus gros appétits.

Mofongo

Autre mets à haute teneur en calorie à base de plantain, le *mofongo* accompagne bien le déjeuner ou le dîner. Le plantain est frit, mis en purée puis mélangé avec de l'ail et du porc frit. La délicieuse extrémité peut être fourrée avec une sauce de crevettes ou de bœuf, bien qu'elle soit également bonne nature.

Mondongo

À ne pas confondre avec le *mofongo*, le *mondongo* est un mets formidable de tripes de porc mijotées dans une sauce aux tomates et à l'ail. Les Dominicains en sont friands, surtout le dimanche matin, car il permet apparemment de surmonter les pires gueules de bois.

Asopao
Croisement entre une soupe épaisse, un gumbo et une paella espagnole, ce mélange de riz, de bouillon de poulet et d'épices se sert avec du poulet ou des fruits de mer. Une version moins liquide, le *locrio*, est fait à base de riz, de légumes et d'un choix de viande ou de fruit de mer.

Casabe
Issu des indigènes taïnos, la préparation de farine de *casabe* implique un procédé complexe d'extraction des résidus toxiques de cyanure pendant lequel les tubercules pleins d'amidon sont râpés et seches. La farine est ensuite utilisée pour faire un pain avec une texture de biscuit dur. Idéal pour les collations ou pour accompagner les repas.

Dulce de Leche
De tous les desserts riches en sucre appréciés des Dominicains, le dulce de leche est de loin le plus populaire. Il s'agit d'un mélange simple mais irrésistible de lait entier et de sucre battu jusqu'à ce qu'il atteigne la consistance de la crème. Recherchez les variations de noix de coco et de fruits confits de ce régal.

Asopao

Les meilleures collations dominicaines

Pastelitos
Petites mais délicieuses pâtisseries fourrées avec de la viande hachée, du poulet ou du fromage.

Empanadas
Chaussons à base de farine de yucca cuits à grande friture et fourrés avec de la viande ou du fromage.

Quipes
Autre collation typique vendue dans la rue. Rissoles de blé concassé fourrées avec de la viande.

Yaniqueques
Variante régionale des *johnnycakes*, cette version est un type de pain de maïs rond et frit, servi chaud.

Chicharones
Morceaux de couenne de porc frits ou de grattons, parfois à base de poulet.

Chimichurris
Collation consistante faite de tranches de porc servies dans un sandwich.

Batatas
Patates douces sans peau cuites sur la braise et qui se mangent chaudes ou froides.

Fritos Maduros
Version dominicaine des frites ; morceaux de plantain mûr frits et saupoudrés d'un peu de sel.

Tostones
Plantain vert frit une fois, laissé de côté puis frit une autre fois.

Eau de coco
Se boit à travers un trou pratiqué dans une noix de coco verte. Rien de mieux pour vous désaltérer lors des chaudes journées que cette rafraîchissante boisson qui se vend partout.

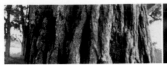 

Gauche **Tronc d'acajou** Droite **Bougainvillée**

Flore

Acajou

Ce bois dur précieux, de couleur rouge-brun, est transformé et exporté depuis l'établissement des premières colonies espagnoles. On ne le retrouve que dans très peu d'endroits, mais il est possible d'en voir dans la cordillère centrale. L'acajou peut atteindre près de 20 m de hauteur.

Palmier royal

L'élégant palmier royal se trouve partout sur l'île et peut atteindre près de 20 m de hauteur. Son apparence gracieuse n'a d'égale que son utilité. Il fournit du bois pour la construction de maison, ses feuilles imperméables font des chaumes efficaces et il produit des noix de coco.

Calebasse

Calebasse

Les fleurs de cet arbre tropical à feuilles persistantes n'éclosent que durant la nuit, lorsque fécondées par le pollen transporté par les chauves-souris. Les fruits, recouverts d'une coquille de bois vert, se développent en grappes le long du tronc et des branches ; elles sont utilisées depuis l'époque des Taïnos comme ustensile et ornement.

Pin créole

Seul variété de pin répandu à travers les Caraïbes, cet arbre fleurit à des altitudes de 2 000 m, comme sur les versants du Pico Duarte. Les denses forêts de l'intérieur sont remplies de leur fraîche odeur qui crée une illusion olfactive semblable à celle des Alpes, mais dans les tropiques.

Uvette

Omniprésent le long des plages sauvages, cet arbuste résistant, tordu et rabougri pousse sans problème dans les terrains inhospitaliers de sable et d'eau salée. Certains atteignent des hauteurs raisonnables et fournissent de l'ombre. Les raisins, bien que comestibles, sont très sûrs et ont meilleur goût dans les confitures.

Orchidée

Les orchidées représentent une affaire en or dans les régions de Jarabacoa et de Constanza, où elles sont cultivées commercialement pour le marché nord-américain. Ces jolies fleurs poussent également à l'état sauvage, surtout dans le climat humide des hauteurs du Parque Nacional Sierra de Baoruco, où on en trouve plus de 150 espèces.

Bromeliade

Cette plante remarquable, de la même famille que l'ananas, gagne en popularité en tant que plante ornementale d'intérieur. Ici, elle pousse à l'état sauvage dans le sol, ou germe dans les arbres, les arbustes et même dans les poteaux de téléphone.

8 Bougainvillée

Les fleurs roses, mauves ou rouge vif de cet arbuste spectaculaire sont en fait de grandes bractées entourant les discrètes petites fleurs. Elles remportent beaucoup de succès dans les jardins car elles fleurissent presque toute l'année. Elles proviennent d'Amérique du Sud et ont été importées dans les Caraïbes.

9 Hortensia

Également utilisé comme prénom féminin en République dominicaine, l'hortensia est une plante très populaire originaire du Japon. Il y en a tellement qui poussent dans la région de Bonao que la ville est aussi connue comme la Villa de las Hortensias.

10 Figuier de Barbarie

L'opuntia, aussi appelé tuna, est l'une des nombreuses variétés de plantes épineuses qui s'accrochent désespérément à la vie dans les régions désertiques de Baraona et de Monte Cristi. Avant de produire son fruit rosacé, de jolies fleurs apparaissent sur ses feuilles potelées regorgeant d'eau. Les Dominicains considèrent sa chair comme un mets raffiné.

Hortensia ou hydrangée

Les meilleurs fruits

1 Guineo
Nom donné aux bananes. Contrairement à la variété de grands plantains amidonnés, les guineos sont plus petits et plus sucrés.

2 Lechoza
La succulente et très populaire papaye, normalement servie avec des bananes pour le petit-déjeuner.

3 Guanábana
Variété de pomme cannelle dont la chair blanche rappelle le goût de la vanille.

4 Jagua
Petit fruit brun ayant un goût sucré distinct, membre de la famille de l'anone cœur de bœuf.

5 Caimito
Fruit rond généralement jaune à la pulpe sucrée et gluante.

6 Mamey
Abricot de Saint-Domingue brun à l'extérieur, à la chair orange, rouge ou brunâtre. Idéal pour les appétissantes batidas.

7 Sapadille
La chair du sapadille rappelle le goût de la banane et de la pêche.

8 Piña
L'ananas est cultivé localement et est largement utilisé dans les boissons frappées et les buffets.

9 Chinola
Terme dominicain pour « fruit de la passion ». Bien qu'il soit riche en vitamine, une cuillerée de sucre est nécessaire pour équilibrer son goût prononcé.

10 Tamarin
La chair pâteuse du tamarin est plutôt amère lorsque consommée crue. Elle est souvent cuite et utilisée pour faire de savoureux cocktails.

Crocodile américain au Lago Enriquillo

TOP 10 Faune

1 Crocodile américain

Mesurant jusqu'à 4,5 m, ces crocodiles peuvent sembler redoutables mais sont en réalité beaucoup plus timides que leurs cousins africains ou australiens. Ils vivent jusqu'à 50 ans et se nourrissent de poissons, d'oiseaux marins et de petits mammifères. On les retrouve dans les eaux salées du Lago Enriquillo.

2 Iguane rhinocéros

Ce grand lézard de plus d'un mètre de longueur doit son nom à la corne qui lui pousse sur le museau. Timide de nature, il cherche normalement refuge dans les terriers, bien qu'il se soit habitué à la présence humaine sur la Isla Cabritos (p. 26). Il se prélasse au soleil pour refaire le plein d'énergie et se nourrit de très peu de végétation.

3 Tortue luth

Espèce en voie de disparition, la tortue luth n'a pas de carapace mais plutôt un ensemble de plaques osseuses qui recouvrent sa peau parcheminée. Ces créatures peuvent

Iguane

mesurer près de deux mètres et peser plus de 350 kg. Elles pondent des centaines d'œufs sur des plages abandonnées et sont chassées illégalement pour leur chair et leurs œufs.

4 Solenodon

Vous ne verrez pas l'un de ces mammifères mangeurs de fourmis à long museau à l'état sauvage puisqu'ils sont rares, timides et nocturnes. Ils sont en voie d'extinction, principalement parce que leur habitat perd du territoire et parce qu'ils sont des proies faciles pour les chiens. On peut encore en voir quelques-uns en captivité.

5 Hutia

Autre mammifère timide, l'*hutia* ressemble au rat mais il s'agit en fait d'un herbivore gros comme un lapin qui cherche refuge dans les grottes et les arbres. De plus en plus menacé par la déforestation, il habite dans les régions éloignées et boisées du Parque Nacional del Este (p. 41) et dans le Parque de los Haitises (p. 33).

6 Lézard

Des reptiles de toutes les formes et tailles se sont adaptés aux écosystèmes de l'île. Les différentes variétés vont des iguanes de plus d'un mètre aux petits geckos en passant par les minuscules geckos jaraguas de moins de 2 cm de longueur, espèce découverte en 1998 sur l'île isolée de Beata de la côte sud-ouest. Ne soyez pas surpris de voir des lézards faire du tourisme dans votre chambre.

7 Rainette

Appelée *coqui* par les Dominicains, cette minuscule grenouille vert-brun compte parmi les nombreuses espèces reconnues pour leur chant étonnamment bruyant durant les heures d'obscurité. L'un des sons les plus évocateurs des Caraïbes, les incessants refrains nocturnes des rainettes montent en intensité après les averses.

Rainette

8 Baleine

La baie de Samaná et le Banco de la Plata, des zones à un peu moins de 100 km au nord de Puerto Plata, constituent les lieux d'accouplement des baleines à bosse, qui peuvent atteindre 15 m de longueur et peser 40 tonnes. Les voir sauter hors de l'eau est un pur plaisir.

9 Lamantin

Le lamantin, rare et protégé, représente le géant gentil de l'océan. Timide et végétarien, il peut mesurer plus de 3,5 m. Il remonte à la surface de la mer environ toutes les cinq minutes pour prendre de l'air. Il est difficile de croire que cette créature bulbeuse et moustachue était jadis confondue avec une sirène.

10 Papillons

Près de 300 espèces de papillons ont été identifiées sur l'île mais tout porte à croire qu'il y en a beaucoup plus, surtout dans les lointaines régions montagneuses de la Sierra de Baoruco. Le Sud-Ouest aride héberge des centaines d'espèces colorées, dont les rares machaons et les monarques qui attirent quantité de lépidoptéristes.

Oiseaux

1 Pic d'Hispaniola

Connu sous le nom de *carpintero*, ce superbe oiseau jaune et brun n'existe que sur l'île.

2 Perruche maîtresse

Espèce en voie de disparition, cet oiseau se reconnaît facilement à son plumage vif parsemé de taches rouges.

3 Émeraude d'Hispaniola

Variété habitant à l'intérieur des terres montagneuses. La femelle se distingue par sa teinte plus claire que le mâle à buste noir.

4 Trogon damoiseau

Petit oiseau multicolore au buste gris, au ventre rouge, au dos vert et à la queue noire et blanche.

5 Héron garde-bœuf

Oiseau blanc pouvant être vu presque partout, particulièrement près des troupeaux infestés de puces.

6 Urubu à tête rouge

Pas particulièrement joli avec sa tête rouge dénudée, il est cependant un utile charognard.

7 Flamant rose

Oiseau rose au vol élégant, sans doute l'une plus belles variétés d'oiseaux des estuaires et des lagunes du pays.

8 Esclave palmiste

Le *sigua palmera* brun est l'oiseau national. Il construit son nid dans les hauteurs des palmiers.

9 Buse à queue rousse

Ce rapace versatile et efficace qui se nourrit de petits mammifères et de reptiles est en fait une buse variable.

10 Frégate

Ce magnifique oiseau marin noir charbon possède un gorge rouge pouvant se gonfler démesurément durant les parades nuptiales.

VISITER LA RÉPUBLIQUE DOMINICAINE

RÉPUBLIQUE DOMINICAINE TOP 10

Gauche **Le Malecón, Saint-Domingue** Centre **Los Tres Ojos** Droite **Plage Boca Chica**

Saint-Domingue et la côte méridionale

*D*epuis la trépidante capitale nationale jusqu'aux vastes étendues de plage de la Costa del Coco, la côte méridionale de la République dominicaine présente un intrigant amalgame d'activités touristiques et de joyaux naturels. Le Sud-Est comprend le territoire sucrier traditionnel du pays, avec ses imposantes plantations à perte de vue, et les villes de La Romana et de San Pedro de Macorís bercent les espoirs des jeunes amants du base-ball qui rêvent un jour de percer aux États-Unis. Quelques-uns des centres de villégiatures côtiers les plus reconnus du pays se sont établis ici, tout comme les complexes modernes de Bávaro et de Punta Cana, offrant ainsi le choix entre des baignades paisibles ou des journées sur des plages bondées. Presque tout le littoral peut être exploré à partir de la pittoresque Carretera 3, qui longe la mer, contrairement au Parque Nacional del Este, qui n'est accessible que par bateau.

Statue de Fray Montesino, Saint-Domingue

🔟 Les Sites

1. Saint-Domingue
2. Los Tres Ojos
3. Acuario Nacional
4. Boca Chica
5. Juan Dolio
6. San Pedro de Macorís
7. La Romana
8. Bayahibe
9. Parque Nacional del Este
10. Costa del Coco

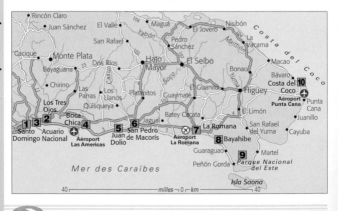

Tour de bateau à Los Tres Ojo

Saint-Domingue

Avec ses rues pavées de l'époque coloniale imprégnées d'histoire et ses centres commerciaux ultra modernes, le passé et le présent vivent côte à côte dans la vaste capitale dominicaine. La ville mène sa vie à un rythme effréné à travers ses artères embouteillées en plus de faire face à de nombreux défis urbains, mais elle comporte aussi des coins tranquilles et des places ombragées, notamment dans la Zona Colonial, de même que des grands parcs où règnent le silence et l'air frais, et le magnifique Malecón, l'aire de jeu préférée des Dominguois *(p. 8 11)*.

Los Tres Ojos

Ce complexe de *cenotes*, ou grottes karstiques, contient une lagune souterraine et quantité de stalactites et de stalagmites. Ce qui semble être quatre lacs n'est en fait qu'un seul bassin qui change de couleur avec l'éclairage distinct des quatre cavernes. Des marches descendent abruptement vers la première grotte, puis les visiteurs sont transportés dans une embarcation tirée par des poulies à travers les passages du système souterrain. Jadis un lieu saint taïno, l'endroit est étonnamment bien préservé malgré les nombreux touristes qui y passent. Le dernier « œil » offre un spectaculaire paysage naturel de végétation tropicale, de parois rocheuses escarpées et d'eaux aux nuances verdâtres. ✪ *Carte E4*
• *Av. Las Américas* • *Ouv. 9h-17h*
• *EP.*

Acuario Nacional

Cette infrastructure techniquement impressionnante utilise l'eau de mer pour emplir ses réservoirs dans lesquels une grande variété de faune marine tropicale se déplace. La fierté de l'aquarium est Tamaury, un lamantin orphelin qui fut sauvé en 1995 lors du décès de sa mère. Il se prélasse maintenant au soleil et nage, apparemment gaiement, dans son propre bassin. Un agréable restaurant surplombe la mer *(p. 36)*.

Boca Chica

Facilement accessible depuis Saint-Domingue, la plage animée et sans prétention de Boca Chica *(p. 37)* est une charmante bande de sable protégée par les eaux cristallines d'une petite baie. Les week-ends, le vacarme s'installe lorsque des dizaines de milliers de personnes fuient la grande ville pour venir se baigner et écouter de la musique. Un calme relatif revient durant la semaine mais le choix de bars, de restaurants, d'hôtels et de maisons des hôtes, qui offrent des chambres à prix raisonnable, reste le même.

Stalactites dans les grottes de Los Tres Ojos

Gauche **Playa Juan Dolio** Droite **Le long du Malecón, San Pedro de Macorís**

5 Juan Dolio

Cette longue étendue d'hôtels et de maisons des hôtes sur le bord de la mer n'est pas vraiment une ville en soit, mais plutôt une vaste enclave touristique. Datant des années 1980, lorsque des investisseurs réalisèrent l'énorme potentiel d'un nouveau centre de villégiature sur la côte méridionale, Juan Dolio héberge principalement des constructions modernes et des hôtels bien conçus. La plupart des grands hôtels tout-inclus proposent une gamme de sports aquatiques et d'activités tournant autour de plages rocheuses ou sablonneuses. ✎ *Carte F4*

6 San Pedro de Macorís

Ville dont la destinée a toujours été entre les mains de l'industrie sucrière, San Pedro fut jadis l'endroit le plus riche du pays. Certaines de ses constructions victoriennes, comme la caserne de pompiers et le manoir près du Parque Duarte, rappellent les années de prospérité. Mais cette époque est révolue et peu de souvenirs ont été préservés depuis que l'ouragan George a ravagé la région en 1998. Aujourd'hui, la ville produit des joueurs de baseball de classe mondiale, dont certains descendants d'immigrants anglophones appelés *cocolos*, qui s'installèrent sur l'île au tournant du XIXᵉ s. ✎ *Carte F4*

7 La Romana

Cette ville se targue de posséder quelques-unes des plus belles résidences du tournant du XIXᵉ s. dans la zone adjacente au Parque Central de même qu'un vaste marché où se côtoient produits exotiques et babioles sans intérêt. Elle est aussi reconnue pour ses joueurs de base-ball, mais ses véritables attraits demeurent le luxueux complexe Casa del Campo ainsi que le village montagnard d'inspiration toscane Altos de Chavón *(p. 24-25)*.

8 Bayahibe

Jusque dans les années 1990, ce petit village de pêcheurs tranquille n'avait rien de plus à offrir que quelques barques accostées le long de la plage. Mais une vague de développements touristiques a rapidement changé la face de Bayahibe. Heureusement, les caba-

---

Le patrimoine des Cocolos
Les descendants des *Cocolos*, qui arrivèrent à San Pedro depuis les territoires britanniques des Caraïbes, comme Tortola et Anguilla, célèbrent toujours leur patrimoine à la fête annuelle de San Pedro avec des danses et des costumes fantaisistes. Les festivités dériveraient des rituels traditionnels anglais de Noël impliquant des mimes et des déguisements.

nes de bois couleur pastel et les gracieux palmiers qui bordent la plage n'ont rien perdu de leur charme. La jetée constitue le point de départ des tours de bateau pour les îles Saona et Catalina, et le village possède une panoplie de bars et de restaurants.
◎ *Carte G4*

9 Parque Nacional del Este
Adjacente à la piste touristique bien entretenue de Bayahibe et de Playa Dominicus, cette vaste étendue sauvage protégée couvre plus de 100 000 acres de forêts asséchées et de plages bordées de palmiers. Les territoires intérieurs de la péninsule sont plus difficiles à explorer et moins populaires auprès des touristes mais recèlent une avifaune et une flore tropicale riches de même que quelques aperçus sur l'art et la culture taïnos *(p. 41)*.

10 Costa del Coco
La pointe sud-est du pays correspond tout à fait à l'image idyllique que l'on se fait d'une île déserte : un panorama de sable fin et de palmiers qui se bercent aux abords d'une étendue d'eau turquoise. Le tourisme de masse apporte plusieurs milliers de vacanciers dans les complexes de Punta Cana et de Bávaro, mais même l'avènement des hôtels tout-inclus n'a pas réussi à altérer le majestueux littoral *(p. 22-23)*.

Bayahibe

La côte méridionale en voiture

Avant-midi

🕐 Après avoir admiré les requins et le lamantin de l'**Acuario Nacional**, prenez le temps de casser la croûte à la cafétéria de l'aquarium et fuyez la capitale dans une voiture louée. En roulant environ une demi-heure sur la Carretera 3, vous aboutirez au centre de villégiature de **Boca Chica**, après l'aéroport. Jetez d'abord un coup d'œil à sa plage, située à quelques coins de rues vers la droite, puis allez dîner dans l'une des nombreuses cabanes en bord de mer qui vendent des fruits de mer.

Après-midi

En empruntant un chemin vers l'est qui traverse des centres touristiques, comme Juan Dolio, et des étendues de terres agricoles, vous arriverez à **San Pedro de Macorís**. Si vous avez le temps, jetez un coup d'œil aux constructions de l'époque victorienne. Sinon, poursuivez votre route jusqu'à **La Romana** pour une visite rapide des vieux quartiers entourant le **Parque Central** *(p. 24)*.
Si vous retournez à Saint-Domingue, allez faire un tour à **Altos de Chavón**. Cette réplique d'un village toscan héberge des boutiques de stylistes et offre de fantastiques vues sur la vallée fluviale. Accordez-vous quelques heures pour retourner à la capitale avant la tombée de la nuit.
Sinon, reprenez la route côtière et tournez à gauche vers Bayahibe pour passer la nuit dans l'un des hôtels bon marché (où vous aurez préalablement fait une réservation) ou dans l'un des complexes hôteliers le long de la Playa Viva Dominicus.

Gauche et centre **Isla Saona, Parque Nacional del Este**

🔟 Autres sites

1 Parque Mirador del Este
Situé sur la rive est de fleuve Ozama, ce parc dominé par le Faro a Colón possède une grande variété d'arbres et s'avère un lieu de balade idéal. ◈ *Carte E4.*

2 La Caleta Submarine Park
L'attraction principale des plongeurs demeure sans aucun doute l'épave du *Hickory*, intentionnellement coulé ici, ainsi que les récifs de coraux près de la plage du parc. ◈ *Carte E4*
• *472 4202* • *Ouv. 9h-18h*
• *EP.*

Playa Guayacanes

3 Playa Guayacanes
Alternative moins bruyante que Boca Chica *(p. 71)*, cette langue de sable doux et d'eau calme, où vit toujours une communauté de pêcheurs, attire touristes et Dominicains. ◈ *Carte F4 .*

4 Stade de base-ball Tetelo Vargas
Ce temple de béton où se célèbre la grande passion dominicaine est généralement ouvert durant la journée. ◈ *Carte F4* • *Av. Circunvalación, San Pedro* • *246 4077.*

5 Playa Boca del Soco
La meilleure plage de la région de San Pedro de Macorís *(p. 72)* coïncide avec l'endroit où le Río Soco se jette dans la mer et dispose de lieux de baignade en eau salée ou douce. ◈ *Carte F4.*

6 Le Río Soco en bateau
Quelques voyagistes proposent des tours de bateau le long de ce fleuve près de San Pedro. Vous y verrez des prairies idylliques bordées de palmiers de même que de jolis versants boisés. ◈ *Carte G4*
• *Student Services : 937 0421.*

7 Isla Saona
La partie la plus populaire du Parque Nacional del Este *(p. 73)* est régulièrement desservie par un service de transport naval et, malgré les foules qui s'y pressent, l'endroit ressemble à l'île de Robinson Crusoe.
◈ *Carte G5* • *Tropical Tours : 523 3333.*

8 Casa de Ponce de León
Cette maison fortifiée, construite en 1505, appartint jadis à Ponce de León, fondateur de Puerto Rico et de la Floride. ◈ *Carte H4* • *Ouv. lun.-sam., 9h-17h* • *EP.*

8 Higüey
Cette vaste ville moderne n'a rien de spécial, seule la basilique *(p. 49)*, érigée pour remplacer la vieille église San Dionisio, est impressionnante ◈ *Carte G4.*

10 La Otra Banda
Ce village assoupi est populaire auprès des excursionnistes de la Costa del Coco *(p. 22-23)* pour ses maisons de bois pittoresques construites par des immigrants des Îles Canaries.

Pour des renseignements sur des voyagistes, visitez le www.studentservicesdr.freeservers.com ou le www.tropicaltourssa.com

Gauche **Jet Set, Saint-Domingue** Droite **Arena**

TOP10 Vie nocturne

1 Fusion Rose
Les soirées de semaine, consacrées à la musique hip-hop électronique de DJ Mahogany, font de cet endroit un lieu populaire auprès de la jeunesse dominicaine. ✪ *Carte P5 • El Conde/Las Damas, Zona Colonial, Saint-Domingue • 449 2346 • EP.*

2 Guácara Taína
Ce club de Saint-Domingue est situé dans un grotte illuminée à 30 m sous le niveau du sol. Des musiciens sont souvent sur place et des ateliers de merengue sont offerts aux étrangers *(p. 60)*.

3 Jet Set
Excellente boîte dominguoise pour la musique latine traditionnelle en direct ou enregistrée. Les pièces de Juan Luis Guerra sont toujours au rendez-vous *(p. 60)*.

4 Salón La Fiesta
Avec une capacité de 1 400 fêtards, il s'agit sans doute de l'un des meilleurs endroits de la capitale pour assister à un concert. Cependant, la salle sert principalement de discothèque *(p. 60)*.

5 Arena
Club gay numéro un de la capitale, Arena est l'hôte de populaires soirées thématiques et d'innombrables fêtes au son des années 1970 et 1980 *(p. 61)*.

6 Monetecristo Café
Nommé d'après le comte de Monte Cristo, ce café-pub de style anglais propose des encas chauds et froids. ✪ *Carte J2 • Calle José Amado Soler/Abraham Lincoln, Saint-Domingue • 542 5000 • Ouv. 18h-5h.*

7 Secreto Musical Bar
Lieu de musique latine – merengue, salsa et bachata – mais, plus important encore, quartier général du Club Nacional de los Soneros. La musique cubaine y occupe une place de choix, surtout le soir. ✪ *Carte N2 • Baltazar de los Reyes/Pimentel, Saint-Domingue • Ouv. tard le soir.*

8 Barceló Bávaro Casino
Cinq hôtels Barceló partagent les infrastructures de ce casino 24 h : un amphithéâtre présentant des spectacles de style Las Vegas, comme Tropicalísimo, et une discothèque où différents styles de musique se succèdent. ✪ *Carte H4 • Bávaro, Higüey • Discothèque : 24h-4h.*

9 Hamana Coral by Hilton
La musique à cet endroit est principalement latine, bien que des pièces anglaises et américaines soient parfois entendues. Un casino doté de nombreuses tables et machines à sous attend les amateurs de jeux de hasard. ✪ *Carte F4 • Boca Chica • Ouv. 23h-4h.*

10 Atarazana 9
Situé près de l'impressionnant Alcázar de Colón de Saint-Domingue, Atarazana 9 est un café-bar à l'ambiance décontractée avec de la musique en direct *(p. 58)*. ✪ *Carte P5.*

Gauche et centre **Mesón de la Cava** Droite **Adrian Tropical**

Restaurants, Saint-Domingue

1 Coco's
Charmant restaurant-bar de style pub anglais servant de l'agneau au curry et du foie de poulet avec frites, le tout accompagné de vins raffinés et de bières anglaises. ◈ *Carte P6 • Padre Billini 53 • 687 9624 • Ouv. mar.-sam., 12h-15h et 18h30-22h30, dim., 12h-15h • $$$.*

2 Mesón de Barí
Le Mesón propose de typiques mets régionaux dominicains. ◈ *Carte M3 • Hostos/ Arzobispo Nouel • 687 4091 • Ouv. 12h-1h • $$.*

3 Taboo Bamboo
Essayez le cocktail Taboo Bamboo à base de vodka Absolut pour faire changement du rhum. L'endroit accueille aussi des festivals et des spectacles de musique en direct. ◈ *Carte K2 • Roberto Pastoriza 313 Tiradentes y Lope de Vega • 227 2727 • Ouv. le midi et le soir • $$$.*

4 Mesón de la Cava
Vivez l'expérience d'un savoureux repas de fruits de mer dans une spectaculaire grotte naturelle *(p. 56).*

5 Aqua Sushi Bar
Délicieuse cuisine fusion japonaise servie le midi et le soir. ◈ *Carte J2 • Av. Abraham Lincoln/Gustavo M Ricart, Plaza Rosa • 563 3030 • Ouv. de 12h-24h • $$.*

6 La Briciola
Cette charmante cour coloniale avec terrasse représente l'endroit idéal pour un repas de cuisine italienne. ◈ *Carte P6 • Arzobispo Meriño 152 • 688 5055 • Ouv. à partir de 18h • $$$$*

7 Museo del Jamón
Contrairement à ce que son nom suggère, il ne s'agit pas d'un musée mais plutôt d'un restaurant espagnol qui sert de délicieuses tapas. ◈ *Carte P5 • La Atarazana 17 • 688 9644 • Ouv. de 12h-23h • $$$$.*

8 Adrian Tropical
Des mets régionaux, comme le *mofongo*, et de la cuisine internationale sont servis dans ce charmant restaurant en bord de mer. ◈ *Carte M4 • Av. George-Washington • 221 1764 • Ouv. de 12h-23h • $$.*

9 El Conuco
Populaire auprès des groupes de visiteurs et des Dominicains, El Conuco propose un bon buffet à prix fixe le midi et le soir. Des groupes de musique et des troupes de danse se donnent en spectacle durant les périodes achalandées *(p. 56).* ◈ *Carte M3 • Casimiro de Moya 152, Gazcue • 686 0129 • Ouv. le midi et le soir • $$.*

10 Conde de Peñalba
Endroit idéal pour essayer un mets régional, *la bandera dominicana.* ◈ *Carte P6 • Calle El Conde/Arzobispo Meriño • 688 7121 • Ouv. toute la journée • $$.*

Mer des Caraïbes

Catégories de prix

Pour un repas trois services pour une personne, une bière et tous les frais inévitables, dont les taxes	**$** Moins de $10
	$$ $10–$20
	$$$ $20–$30
	$$$$ $30–$40
	$$$$$ Plus de $40

La Casita, La Romana

🔟 Restaurants, côte méridionale

Neptuno's Club
Situé tout près de la mer, le bar de ce restaurant est une réplique de caravelle et la salle à manger est construite au-dessus de la mer. On y mange d'excellents poissons et fruits de mer *(p. 57)*. 🅂 *Carte F4 • Boca Chica • 523 4707 • Ouv. 9h-22h30 • $$$$.*

Capitán Cook
Restaurant situé sur la plage, à l'ombre des arbres. Très populaire pour le homard (vendu au poids), le poisson, la paella et la sangria, pour une petite touche espagnole *(p. 57)*. 🅂 *Carte H4 • Playa El Cortecito, Bávaro • 552 1061 Ouv. t.l.j. • $$$.*

La Loma
Cramponné sur le versant d'une montagne, cet hôtel difficile à trouver, avec vue panoramique, propose d'agréables collations et repas. 🅂 *Carte G3 • Miches • 558 5562 • Ouv. le matin, le midi et le soir • $$.*

Alisios Bávaro
Cet hôtel-restaurant sur le bord d'une piscine sert des mets mexicains quatre jours par semaine et de la cuisine thaï les trois autres jours. 🅂 *Carte H4 • Bávaro, Higüey • 688 1612 • Ouv. le matin, le midi et le soir • $$.*

Boca Yate
Ce petit hôtel avec bar et restaurant est tenu par des Français et se spécialise dans les homards frais et les fruits de mer. Il est populaire auprès des clients des hôtels tout-inclus de la région. 🅂 *Carte G4 • Av. Eladia Bayahibe, Bayahibe • 688 6822 • Ouv. le soir jusqu'à 1h • $$$.*

Café del Sol
Un bon restaurant pour manger de la pizza, des salades et de la crème glacée. Situé dans un superbe emplacement au-dessus du Río Chavón, à côté de l'église Saint-Stanislas *(p. 25)*. 🅂 *Carte G4 • Altos de Chavón, La Romana • Ouv. le midi et le soir • $$$.*

El Sombrero
Restaurant mexicain avec trio de mariachis qui vous donne une sérénade pendant que vous dégustez des tortillas ou des tacos avec une margarita bien froide. 🅂 *Carte G4 • Altos de Chavón, La Romana • Ouv. le soir, réservation nécessaire • $$$$.*

La Casita
Les propriétaires se spécialisent dans la cuisine italienne et internationale et vous proposent des pâtes et des fruits de mer. Les murs sont ornés d'une impressionnante quantité d'assiettes. 🅂 *Carte G4 • Francisco R Douou Dray 57, La Romana • 556 5932 • Ouv. le midi et le soir • $$$$.*

DaNancy
Nancy, la propriétaire et la chef, apprête délicieusement le homard et les crevettes. Choisissez votre propre entrée au buffet. 🅂 *Carte F4 • Boca Chica, près de l'hôtel La Hamaca • Ouv. le midi et le soir • $$.*

Langosta del Caribe
Les généreuses portions de homard et de crevettes cuites sur le gril sont servies à l'intérieur ou sur la terrasse ombragée. 🅂 *Carte H4 • Cortecito 51, Bávaro • 552 0774 • Ouv. le midi et le soir • $$$.*

➤ *Pages suivantes* **Montagnes depuis le Pico Duarte**

Gauche **La Vega** Droite **Mercado Modelo, Santiago**

La cordillère centrale

Totalement différente en termes de température et d'ambiance par rapport à la basse région de la capitale et des centres de villégiatures du littoral, l'intérieur du pays est dominé par la chaîne de montagnes accidentées de la cordillère centrale, qui forme un arc entre la frontière haïtienne et San Cristóbal. Le Pico Duarte constitue le plus haut point de la cordillère, mais il existe plusieurs autres sommets et vallées, surtout près des populaires centres touristiques de Jarabacoa et Constanza. Vous pouvez même sentir la fraîcheur d'une gelée matinale et admirer la flore fleurir en abondance dans ce climat tempéré. Santiago se trouve à peu de distance des montagnes, qui la séparent des fertiles terres agricoles de la Vallée de Cibao. De là, le voyage qui mène à la ville surélevée de San José de las Matas constitue une expérience fascinante.

Museo de Arte, Bonao

🔟 Les sites

1	Bonao	**6**	La Ciénaga
2	La Vega	**7**	San José de las Matas
3	Santo Cerro	**8**	San Juan de la Maguana
4	Santiago	**9**	Coral de los Indios
5	Les Alpes dominicaines	**10**	Las Matas de Farfán

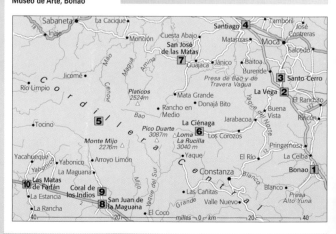

1 Bonao

Zone minière historiquement importante, Bonao n'est pas la plus belle région du pays mais est stratégiquement située sur l'Autopista Duarte, qui relie Saint-Domingue à Santiago. Il est possible de visiter gratuitement l'usine de Falconbridge lorsqu'elle est ouverte. Mais explorez aussi les paysages montagneux qui entourent la ville en prenant la route pour le barrage Presa Alto Yuna. La vue sur la cordillère centrale y est magnifique. ◎ *Carte D3*

2 La Vega

La Vega, l'un des premiers lieux où les Européens s'établirent, fut un important site d'extraction d'or de la vallée de Cibao à l'époque de Colomb. Un tremblement de terre la laissa ensuite en ruine. La ville moderne ne laisse rien transparaître de cette période et il ne reste que peu de traces de l'époque victorienne durant laquelle d'imposantes constructions publiques furent érigées. Aujourd'hui, la structure la plus en évidence est la cathédrale méthodiste de béton Concepción de La Vega, dont l'intention serait de faire revivre l'esprit de la période coloniale. La Vega célèbre tous les mois de février l'un des carnavals les plus populaires du pays *(p. 50)*, période durant laquelle la fabrication de masques de papier mâché devient un art. ◎ *Carte D3*

La Vega

Cathédrale de Santiago

3 Santo Cerro

Offrant une vue spectaculaire sur la vallée que Colomb surnomma La Vega Real, l'église Santo Cerro, datant du XIXᵉ s., représenterait l'endroit où la Vierge fit une intervention miraculeuse en 1495. La croix qu'elle empêcha les Taïnos de brûler avait, d'après la légende, été érigée par Colomb lui-même et l'église affirme en posséder un fragment. Elle est ornée d'iconographies catholiques *(p. 46)*.

4 Santiago

Plus petite et moins agitée que Saint-Domingue, Santiago, avec ses 750 000 habitants, n'en est pas moins une métropole où se côtoient richesse et pauvreté, antiquité et modernité. Les somptueuses et modernes banlieues du Nord sont agréables, mais la véritable ambiance de la ville, tout comme ses lieux d'intérêts, sont concentrés dans la zone relativement restreinte entourant le Parque Duarte, le Monumento a los Héroes de la Restauración et la principale rue commerciale. Il vaut également la peine de jeter un coup d'œil au passé glorieux de Santiago, qui fut un important producteur de sucre et de tabac, en visitant une usine de cigares et une rhumerie *(p. 14-15)*.

5 Les Alpes dominicaines

Lieu idéal pour les activités en plein air, qu'il s'agisse d'équitation, de randonnée pédestre, de descentes de rivière ou d'excursions organisées par les centres touristiques de Jarabacoa et Constanza. Le climat et l'absence de vie urbaine contribuent à l'observation d'oiseaux et au plaisir de découvrir la biodiversité de la région *(p. 12-13)*.

Vue sur le Pico Duarte depuis La Ciénaga

6 La Ciénaga

Le minuscule village campagnard de La Ciénaga de Manaboa constitue le point de départ pour les randonnées au sommet du Pico Duarte. Vous devez vous inscrire et engager un guide officiel au bureau du Parque Nacional Armando Bermúdez *(p. 13)*, situé au nord du village, à côté d'un terrain de camping rudimentaire où certains randonneurs passent la nuit avant de partir tôt le matin suivant. Il vous faudra au moins trois jours pour parcourir la piste Ciénaga, longue d'environ 45 km.

7 San José de las Matas

Autre point de départ pour le Pico Duarte, cette ville montagnarde et

Perroquet déchiré

L'étrange nom de *perico ripiao* désigne un style de musique merengue aux paroles obscènes et au rythme irrésistible qui s'est développée à Santiago au début du xxᵉ s. Cette musique était fortement désapprouvée par la société bien élevée ; rien d'étonnant car il s'agissait du nom d'un célèbre bordel.

décontractée offre une perspective fascinante de la vie quotidienne des agriculteurs. La campagne environnante contient une multitude de plantations de café et de petites fermes, la ville représentant elle-même le centre commercial des fermiers. Hormis la *fiesta patronal*, qui a lieu en août, vous pouvez visiter les rivières et les lieux de baignade des environs ou apprécier la spectaculaire vue sur les versants et vallées densément boisés de la région. ◈ *Carte C2*

8 San Juan de la Maguana

Ville étonnamment grande établie dans une vallée fertile au sud de la cordillère centrale, San Juan constitue un centre agricole actif entouré de plantations de bananes et de café. Sa proximité avec la frontière haïtienne lui a posé de nombreux problèmes au fil des siècles car elle fut souvent occupée et détruite par les armées envahissantes. Aujourd'hui, l'architecture est moderne mais il existe encore des édifices du tournant du xixᵉ s. autour du Parque Central *(p. 52)*, où un marché extérieur animé rend les balades intéressantes. ◈ *Carte B3*

Statue de San Juan de la Maguana

Las Matas de Farfán

Coral de los Indios

Prétendument le site d'un ancien village taïno, le centre de cette ville abrite une ceinture de pierre avec ce qui semble être une table cérémonielle. C'est ici qu'Anacaona, la légendaire veuve de Caonabo, qui fut attrapée par les Espagnols, tenta de faire naître un sentiment anti-espagnol aux chefs taïnos pour que se soulève une révolte. Elle fut capturée et exécutée avant que ne soit détruit le village. Il est difficile de discerner ce qui est une reconstruction, mais le visage sculpté dans la pierre de la table semble assez authentique. ◈ Carte B3

Las Matas de Farfán

Typique ville dominicaine de marché, Las Matas (littéralement « racines ») aurait été nommé d'après l'arbre sous lequel Farfán, un marchand du xviiiᵉ s., aimait faire la sieste. L'endroit semble toujours endormi, sauf les samedis, lorsque le marché attire des foules de *campesinos* avides de trocs et de commérage. Il existe peu d'endroits touristiques mais Las Matas et ses environs donnent une bonne idée de ce qu'est la vie dans une petite ville campagnarde. ◈ Carte B3

Un avant-midi à Santiago

🕐 Après le petit-déjeuner, dirigez-vous vers le **Parque Duarte** *(p. 14)*, principal lieu d'activités du centre-ville. Les grands édifices qui longent le square valent le déplacement, dont le **Centro de Recreo** maure et le **Palacio Consistorial** *(p. 14)*, une construction néoclassique remodelée qui accueille des expositions. Vous pouvez également faire un tour de calèche d'une demi-heure pour environ 10 $. Entendez-vous toujours sur le prix avant de partir.

La calèche longe normalement la rue achalandée **Calle del Sol** *(p. 55)*, mais il peut être plus agréable de parcourir la courte distance de cette bruyante artère commerciale à pied. À l'intersection de Calle del Sol et de Avenida España, vous croiserez le **Mercado Modelo**, où vous trouverez une panoplie de souvenirs touristiques.

Lorsque vous atteindrez le bout de la Calle del Sol, où se trouve le **Monumento a los Héroes de la Restauración** *(p. 15)*, allez dans l'un des nombreux bars des environs, comme le **Puerto del Sol**, où vous pouvez prendre un verre.

Lorsque vous aurez repris des forces, visitez l'immense monument du dictateur Trujillo (éventuellement rebaptisé en l'honneur des combattants pour l'indépendance). L'ascenseur n'est plus fonctionnel mais la montée jusqu'à la plate-forme d'observation en vaut la peine. Terminez la journée avec une courte visite au **Centro León** (Av. 27 de Febrero 146), un musée qui expose des photographies et des tableaux d'importantes familles de Santiago.

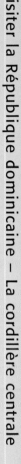

Zone de mangroves, Parque Nacional del Este

Activités de plein air

Randonnée pédestre
Les Alpes dominicaines (p. 12-13 et 82) s'avèrent l'endroit idéal pour les promenades ou les randonnées pédestres. La plupart des hôtels peuvent recommander un voyagiste spécialisé aux vacanciers plus ambitieux.

Équitation
Les amateurs d'équitation seront servis dans cette région. En effet, plusieurs ranchs possèdent des installations de première classe. ◈ *Rancho Baiguate : carte C3 • 574 6890 • www.grupobaiguate.com*

Rafting en eaux vives près de Jarabacoa

Cyclisme
Les cyclistes de ville et de montagne profiteront des panoramas fantastiques qui s'offrent à eux, sans compter l'accueil chaleureux des gens des villages, où il est toujours possible de se procurer des rafraîchissements.

Observation d'oiseaux
La cordillère centrale abrite une multitude d'espèces d'oiseaux, particulièrement dans les parcs nationaux. Recherchez les perroquets, les perruches, le pic d'Hispaniola et l'émeraude d'Hispaniola.

Rafting en eaux vives
L'impétueux Río Yaque del Norte, près de Jarabacoa (p. 12), est le lieu préféré des amateurs de ce sport d'adrénaline au cours duquel plusieurs rameurs descendent un canyon rocheux dans une embarcation gonflable. ◈ *Franz's Aventuras del Caribe : 574 2669 • www.hispaniola.com/whitewater*

Kayak
Le Río del Yaque del Norte et le Jimenoa (p. 13), avec leur mélange d'eaux vives, de tournants serrés et de descentes brusques, s'avèrent idéaux pour faire du kayak. ◈ *Get Wet : Carte C3 • Jarabacoa • 586 1170*

Canyonisme
Jimenoa est l'endroit tout désigné pour faire ce sport énergisant et excitant où les participants, attachés à une corde, se lancent dans l'eau depuis un rocher escarpé.

Descente de cascade
Dans cette variante du canyonisme, les participants sautent à travers une cascade pour aboutir dans un bassin plus bas. Le Salto de Jimenoa est un endroit recommandé.

Descente en chambre à air
Dans cette version économique du rafting, les nageurs utilisent une grande chambre à air pour dévaler un cours d'eau et pour se protéger des légers chocs.

Natation
Il est possible de nager dans les rivières plus tranquilles de la cordillère centrale de même que dans plusieurs *balnearios*, ou bassins (p. 42).

Catégories de prix

Pour un repas trois services pour une personne, une bière et tous les frais inévitables, dont les taxes	**$** Moins de $10 **$$** $10–$20 **$$$** $20–$30 **$$$$** $30–$40 **$$$$$** Plus de $40

Pintade, mets servi au Vistabella Club Bar & Grill

10 Restaurants et bars

Vistabella Club Bar & Grill

Populaire auprès des Dominicains les week-ends pour sa piscine, son bar et son restaurant, qui sert des mets régionaux comme la pintade sauvage et le pigeon de guinée. ⌖ *Carte C3 • 5 km de Jibacoa vers Salto Jimenoa • Ouv. le midi et le soir • $$$.*

El Jalapeño

Les repas légers et la cuisine mexicaine sont à l'honneur dans ce restaurant tenu par une famille portoricaine. Une petite discothèque est située sur le toit. ⌖ *Carte C3 • Calle Colón, Jarabacoa • Ouv. à partir de 12h • $$.*

La Herradura

Copieux repas santé allant des sandwichs aux pâtes en passant par le poisson et la viande, dans un décor rustique, avec des musiciens les week-ends. ⌖ *Carte C2 • Independencia/Duarte, Santiago • Ouv. 12h-23h • $$.*

Hotel Gran Jimenoa

Surplombant la rivière Jimenoa, cet hôtel possède une terrasse agréable et propose un menu de mets régionaux. Les familles dominicaines viennent manger ici les week-ends. ⌖ *Carte D2 • Av. La Confluencia, Los Coralitos • 574 6304 • Ouv. le matin, le midi et le soir.*

Comedor Gladys

Essayez le *menú del día*, servi avec riz, haricots, salade et légumes de la saison. ⌖ *Carte C3 • Luperón 6, Constanza • 539 3626 • Ouv. lun.-sam., 19h30-10h30 • $.*

Exquisiteses Dilenia

Les viandes de la région, comme l'agneau, le lapin et la pintade, sont apprêtées de diverses manières. ⌖ *Carte C3 • Gaston F. Deligne 7, Constanza • 539 2213 • Ouv. à partir de 10h • $$.*

Vista del Yaque

Un *Parque Recreacional* populaire à toute heure du jour fréquenté par les baigneurs et les gens intéressés au bar, au restaurant et à la discothèque. ⌖ *Carte C3 • Vista del Yaque, 8 km de Jarabacoa par la route vers La Ciénaga • Ouv. t.l.j. • $.*

Hotel Alto Cerro

Le menu propose de l'oie, de la pintade, du lapin et de la dinde maison, ainsi que des fruits frais. ⌖ *Carte C3 • Banlieue Est de Constanza • 696 0202 • Ouv. le matin, le midi et le soir • $$.*

Rancho Luna Steak House

Ce célèbre *steak house* fera la joie des carnivores. Il possède une excellente carte des vins et un piano-bar. ⌖ *Carte C2 • Carretera Luperón 7,5 km, Santiago • 736 7176 • Ouv. le midi et le soir • $$$.*

Kukara Macara

Situé aux pieds du Monumento a los Héroes, ce rustique restaurant de style *gaucho* propose des viandes d'excellente qualité, dont des steaks Angus, des tacos, des sandwichs et des hamburgers. ⌖ *Carte C2 • Av. Francia 7/Calle del Sol, Santiago • 241 3143 • Ouv. de 11h-15h • $$$.*

Gauche **Plage Costambar** Droite **Complexe paradisiaque, Puerto Plata**

La côte d'Ambre

*L*a côte d'Ambre, nommée ainsi suite à la découverte de la précieuse résine dans les montagnes intérieures, représente le traditionnel centre touristique dominicain, avec comme unique rivale la Costa del Coco depuis les années 1990. Les visiteurs ne viennent ici que depuis les années 1970 et les grands centres de villégiature, comme celui de la Playa Dorada, répondent à leurs moindres désirs. Mais il existe une autre dimension à cette étendue de sable et de montagnes de plus de 320 km : le caractère historique et culturel de Puerto Plata, qui se reflète à travers les anciennes fortifications et les manoirs opulents de cette ville portuaire du XVIᵉ s. Les plages effervescentes de Cabarete et de Playa Grande attirent les surfeurs et les voyageurs autonomes, et contrastent avec les plages paisibles et invitantes de Sosúa et de Playa Dorada.

Forteresse de San Felipe, Puerto Plata

10 Les Sites

1. Puerto Plata
2. Costambar
3. Cofresí
4. Playa Dorada
5. Sosúa
6. Cabarete
7. Río San Juan
8. Playa Grande
9. Playa Caletón
10. Laguna Gri Gri

Puerto Plata

Ville de la côte septentrionale riche en histoire, Puerto Plata est souvent oubliée par les visiteurs des centres de villégiature tout-inclus. Dommage, car cet endroit animé a beaucoup à offrir, des sites historiques, certes, mais également une gamme de bars et de restaurants chaleureux. La forteresse de San Felipe vaut une visite, tout comme le charmant Parque Central, mais le meilleur demeure le trajet en téléphérique vers le sommet du Pico Isabel de Torres, cette noble montagne qui domine la ville et l'océan *(p. 16-17)*.

Costambar

Située près du turbulent centre-ville, à l'ouest de Puerto Plata, cette plage a un ambiance totalement différente de la ville et de la très touristique Playa Dorada. Il n'y a aucun gros hôtel ici, mais plutôt un ensemble de villas et condos raffinés en bord de mer, la plupart appartenant à des Dominicains ou à des étrangers nantis. La plage est une étendue de fin sable blanc donnant sur des eaux calmes et sécuritaires, mais les coins ombragés sont plutôt rares. Plusieurs établissements proposent une variété de rafraîchissements. ◈ *Carte C1.*

Cofresí

Le venue du parc thématique Ocean World dans les alentours de ce village de pêcheurs autrefois tranquille, dont le nom tirerait son origine d'un infâme pirate de la région, a beaucoup changé l'atmosphère de la région. Mais la magnifique baie en fer à cheval flanquée de généreuses étendues de sable et de coins ombragés attire toujours un flot incessant de visiteurs. De grandes villas occupent les versants alors que le

Playa Dorada

luxueux centre touristique Hacienda se dresse sur le bord de la plage, qui devient beaucoup plus achalandée les week-ends, lorsque des foules de surfeurs viennent y affronter les puissantes marées. Durant la semaine, il est fort probable que vous vous y retrouviez seul. ◈ *Carte C1 • Hacienda Resort : 586 1227.*

Playa Dorada

Paradis touristique par excellence, ce développement compte plus d'une douzaine de centres de villégiature différents et propose tous les types d'activités et de gâteries imaginables. Les activités de plage comprennent tout, de la plongée jusqu'au volley-ball, alors que les services de restauration 24 h fournissent tous les aliments et boissons nécessaires. La plage consiste en une magnifique langue blanche de sable fin, nettoyée tous les jours, mais elle peut parfois être un peu trop bondée, surtout durant la haute saison. L'autre endroit le plus prisé est le parcours de golf conçu par Robert Trent Jones. ◈ *Carte C1 • Terrain de golf Playa Dorada : Ouv. 7h30-19h ; • 372 6020 • frais de jeu et location d'équipement.*

Surfeuse à la plage de Cabarete

Sosúa

Comme d'autres communautés de la côte septentrionale, la transformation de Sosúa de petite ville de pêcheurs et d'exportation de bananes à un palpitant centre touristique n'est rien de moins que stupéfiante. L'endroit s'est forgé la réputation peu enviable de trappe à touristes excessive durant les années 1980 avant de graduellement s'assainir. Elle offre maintenant un mélange intéressant de vie nocturne et de plages reposantes. Séparée en deux *barrios* différents par la plage et la baie, Sosúa possède une zone de tourisme distincte appelée El Batey, où les rues regorgent de cafés et de boutiques, et le district Los Charamicos, plus authentiquement dominicains. § *Carte D1.*

Cabarete

Un véliplanchiste franco-canadien arriva ici en 1984 et créa ce paradis du surf autour de la longue frange de Playa Cabarete et d'autres plages avoisinantes. Conséquemment, une ville touristique moderne s'est développée entre la plage et la lagune, attirant non seulement la fraternité de surfeurs mais aussi une population grandissante de voyageurs autonomes. Le surf, la planche à voile et le surf cerf-volant sont la principale raison d'être de Cabarete, mais une foule d'autres activités sont offertes. § *Carte D1.*

Río San Juan

Un virage à gauche sur la Carretera 5, en arrivant au littoral, vous mène au petit village préservé de Río San Juan. Cet avant-poste, jusqu'à tout récemment isolé, ne cesse de gagner en popularité auprès des touristes. Le port compte toujours ses pêcheurs et le Barrio Acapulco regorge de bateaux et d'instruments de pêche. La plage du village est jolie mais petite, raison pour laquelle la plupart des vacanciers préfèrent aller un peu plus loin vers l'est. L'atmosphère décontractée et amicale de Río San Juan se retrouve facilement dans les cafés et restaurants qui bordent la Calle Duarte. § *Carte E1.*

Playa Grande

Longue étendue de sable aux nuances dorées, bordée de forêts et délimitée par de hautes falaises, c'est sans grande surprise que Playa Grande a fini par attirer de nombreux développements touristiques après des années d'isolation. Des centres de villégiature tout-inclus y sont installés, dont le Caribbean Village Playa Grande, qui possède un spectaculaire parcours de golf de 18 trous sur le bord de l'océan. L'océan se prête plus au surf qu'à la baignade et, les week-ends, la plage devient très occupée, surtout à l'extrémité près du Río San Juan, où de la nourriture et des boissons sont vendues. Cette magnifique plage est ouverte à tous. § *Carte E1.*

L'exil des Juifs

Durant les années 1930, plusieurs centaines de réfugiés juifs se sont installés à Sosúa, répondant à l'invitation de Trujillo pour mettre en place une industrie laitière et des commerces de viande fumée qui fonctionnent toujours aujourd'hui. Il est possible d'en apprendre plus sur l'histoire de la communauté juive en visitant le petit musée adjacent à la synagogue d'El Batey.

9 Playa Caletón

Petite baie paradisiaque de sable blanc entourée d'une forêt de mangrove, Caletón représente l'une des plus belles plages de la côte septentrionale. Pourtant, elle n'est pas encore surpeuplée et, les jours de semaine, les visiteurs peuvent s'attendre à y trouver paix et tranquillité. Les week-ends, des kiosques vendent du poisson frais grillé et les Dominicains y sont plus nombreux. Protégées par deux promontoires rocheux et boisés, les eaux de cette anse, connue sous le diminutif de La Playita par les gens de la région, sont peu profondes et s'avèrent idéales pour les enfants. ❀ *Carte E1.*

10 Laguna Gri Gri

Cette lagune exotique, bordée de mangroves, se rend presque jusqu'au centre de Río San Juan. Les tours de bateau, qui explorent les mystérieux paysages de la lagune, partent d'une jetée située au bout de la Calle Duarte et durent environ deux heures. Cette zone protégée favorise le développement de l'abondante avifaune et des crocodiles. La Cueva de las Golondrinas (grotte des hirondelles), un passage souterrain formé par un tremblement de terre, abrite d'innombrables oiseaux. Le littoral compte quantité d'autres grottes. ❀ *Carte E1 • Gaviota Tours, Cabarete : 571 0337.*

Chaloupes, Laguna Gri Gri

À la découverte de Puerto Plata

🕐 Une demi-journée suffit pour voir les sites principaux de cette importante ville historique. Cependant, si vous souhaitez visiter la **Rhumerie Brugal** *(p. 17)*, plus de temps vous sera nécessaire. Commencez l'avant-midi dans le **Parque Central** (ou Parque Independencia) où se trouvent la gloriette et la magnifique cathédrale Art déco. Gardez en tête qu'un guide pourrait vous fournir des renseignements intéressants. Jetez un coup d'œil aux maisons rénovées du xixe s. dans les vieilles rues autour de la place.

En vous dirigeant vers la plage, vous croiserez inévitablement le **Malecón** *(p. 16)*, ce long boulevard en bord de mer. Tournez à gauche et rendez-vous au promontoire où la Fortaleza de San Felipe, plutôt rafistolée mais impressionnante, monte la garde à l'entrée du port. Après avoir visité le petit musée, retournez au Malecón pour prendre collation et rafraîchissement dans l'un des nombreux bars. Autrement, baladez-vous vers la Calle John F. Kennedy, près du parc, et prenez un verre au **Sam's Bar & Grill** *(p. 90)*.

À partir de cet endroit, la marche est longue jusqu'au téléphérique qui vous mène au sommet du **Pico Isabel de Torres** *(p. 17)*, il vaut donc mieux prendre un taxi. L'ascension de plus de vingt minutes au-dessus d'une dense végétation tropicale ainsi que la vue depuis le sommet sont époustouflantes. Une cafétéria, idéale pour un repas léger, et un agréable jardin public sont situés au sommet.

Gauche **Sam's Bar & Grill, Puerto Plata** Droite **Aguaceros, Puerto Plata**

Restaurants et bars

Sam's Bar & Grill
Sam se spécialise dans les grillades, les hamburgers et les desserts américains. ◎ Carte C1
• José del Carmen Ariza 34, Puerto Plata
• 586 7267 • Ouv. le matin, le midi et le soir • $$.

Aguaceros
Restaurant-bar proposant un menu international de steaks, de fruits de mer, de hamburgers et de cuisine mexicaine. ◎ Carte C1
• Malecón edif 32, Puerto Plata • 586 2796
• Ouv. à partir de 17h • $$.

La Parrillada Steak House
Située sur une route achalandée le jour, mais tranquille le soir, La Parrillada propose une variété de mets de viande dans une ambiance plaisante tant à l'intérieur qu'à l'extérieur. ◎ Carte C1
• Av. Manolo Tavarez Justo, Puerto Plata
• 586 1401 • Ouv. le midi et le soir
• $$$.

Miro on the Beach
Endroit très romantique avec musiciens sur place en soirée.
◎ Carte D1 • Cabarete Beach • 571 0888
• Ouv. 11h-23h • $$$$$.

Morua Mai
Propose un menu varié de pizza, de viande importée, de poissons frais et de fruits de mer.
◎ Carte D1 • Calle Pedro Clisante, Sosúa
• 571 2966 • Ouv. 1h-24h • $$$$.

Casa del Pescador, Cabarete

La Roca
Endroit sympathique pour jouer au billard, jeter un coup d'œil aux livres et manger de délicieuses crevettes ou des mets mexicains.
◎ Carte D1 • La Roca, Calle Pedro Clisante, Sosúa • 571 3893 • Ouv. 7h-24h • $$$.

Cabarete Blú
Cet élégant bistro de plage propose d'excellents repas de viande et de fruits de mer. ◎ Carte D1
• Cabarete Beach
• 571 9714 • Ouv. 11h-24h
• $$$.

Comedor Loli
Endroit sympathique pour découvrir les mets dominicains de poulet, de bœuf et de poisson. Essayez le *menú del día*. ◎ Carte D1 • Cabarete, au coin du Parque Nacional El Chocó • Ouv. le midi et le soir • $.

Casa del Pescador
Emplacement charmant près de la plage, à quelques pas des vagues. Le poisson et les fruits de mer constituent les spécialités mais les paellas sont également délicieuses.
◎ Carte D1 • Cabarete • 571 0760 • Ouv. 12h-23h • $$$$.

Bahía Blanca
Ce restaurant décoré en nuances vertes et blanches, est réellement un endroit reposant où passer une soirée. ◎ Carte E1 • Bahía Blanca, Calle Gastón F. Deligne 5, Río San Juan • 589 2563
• Ouv. le matin, le midi et le soir • $$.

José Oshay's Irish Beach Club, Cabarete

Catégories de prix

Pour un repas trois services pour une personne, une bière et tous les frais inévitables, dont les taxes	
$	Moins de $10
$$	$10–$20
$$$	$20–$30
$$$$	$30–$40
$$$$$	Plus de $40

🔟 Vie nocturne

1 Bambú
Bar-disco de plage qui s'anime énormément après minuit. ◈ *Carte D1*
• *Cabarete* • *Ouv. 11h-6h.*

2 Onno's
Endroit agréable pour les noctambules, avec de la bonne musique et de la danse jusqu'aux petites heures du matin. Soirées latex les samedis. ◈ *Carte D1*
• *Cabarete* • *383 1448* • *Ouv. 11h-6h.*

3 Lax
Bistro-bar idéal pour les fêtes de plage. Le bar consiste en une table basse de style chinois autour de laquelle les clients s'assoient sur des matelas de paille disposés à même le sol *(p. 57)*.

4 Crazy Moon
L'une des meilleures discothèques d'hôtel. La musique varie entre les rythmes tropicaux torrides, le hip hop et le disco. Du tout pour tous *(p. 61)*.

5 Voodoo Lounge
Bar à cocktails raffiné avec piste de danse à proximité de la plage. Vous pouvez prendre un verre et socialiser sans avoir à crier à l'intérieur comme à l'extérieur.
◈ *Carte D1* • *Calle Pedro Clisante, Sosúa*
• *571 3559* • *Ouv. 19h-3h.*

6 D'Latino's Club
Petit disco-bar avec prix d'entrée si un événement spécial a lieu ou si un DJ invité anime la soirée. ◈ *Carte D1* • *Calle Pedro Clisante, Sosúa* • *Ouv. à partir de 22h.*

7 D'Classico
L'une des boîtes de nuit les plus populaires de Sosúa. Attire une foule de gens de partout sur la côte, dont beaucoup d'hommes célibataires. Le DJ Pablo Vivax fait jouer de la musique internationale et latine la semaine, alors que les week-ends sont consacrés à la musique dominicaine *(p. 61)*.

8 High Caribbean
Cette discothèque a été rénovée en 2004. Son originalité consiste en ses deux piscines, intérieure et extérieure, et sa terrasse. ◈ *Carte D1* • *Sosúa*
• *Ouvert à partir de 22h.*

9 Las Brisas
Boîte de nuit des plus prisées, Las Brisas organise des tournois de volley-ball les jeudis soirs *(p. 60)*.

10 José Oshay's Irish Beach Club
Bar de plage populaire et animé par Russel, guitariste et batteur au répertoire sans fin qui jouera également les demandes spéciales des clients *(p. 58)*.

Las Brisas, Cabarete

Pages suivantes Appartements à Puerto Plata

Gauche **Clocher français** Centre **El Morro, Parque Nacional** Droite **Playa Ensenata**

Le Nord-Ouest

*C*ette région isolée et inexplorée a peu changé au fil du temps. Il n'y a encore presque aucun centre de villégiature et le temps semble s'être arrêté. Avec ses petites fermes et ses étendues désertiques, la région ne peut rivaliser en abondance avec le reste du pays, ce qui laisse supposer que la vie ici est un peu plus difficile. Cependant, malgré l'allure plus austère de ses terres, le Nord-Ouest présente des attraits distincts, dont un écosystème fascinant que vous découvrirez à travers le Parque Nacional Monte Cristi. Ses plages sont tout aussi magnifiques que celles que l'on trouve à l'est de Puerto Plata, mais moins développées, étant donné le caractère peu connu des lieux.

Mangroves, Parque Nacional Monte Cristi

🔟 Les Sites

1. Monte Cristi
2. Parque Nacional Monte Cristi
3. Cayos de los Siete Hermanos
4. Playa Ensenata
5. La Isabela
6. Luperón
7. Puerto Blanco Marina
8. Playa Grande
9. Manzanillo
10. Dajabón

1 Monte Cristi

Comme dans les histoires de cow-boys, la principale ville de la région dégage de la mélancolie. Situé dans le delta torride et plat du Río Yaque del Norte, Monte Cristi fut

Cactus, Parque Nacional

naguère un important port d'exportation de tabac et d'acajou. Les constructions victoriennes entourant le Parque Central donnent une idée de cette époque prospère qui prit fin lors de la construction du chemin de fer entre Santiago et Puerto Plata. Le clocher français et les nombreuses maisons comme en pain d'épice méritent le coup d'œil, dont celle de Doña Emilia Jiménez. ◈ Carte A1.

2 Parque Nacional Monte Cristi

Répartis entre une série d'îles, un delta de mangroves et une grande étendue intérieure de mauvaise terre, le parc national abrite une faune et une flore abondante : crocodiles, tortues et innombrables espèces d'oiseaux. La montagne au sommet plat El Morro, un affleurement imposant, constitue la partie la plus accessible et la plus intéressante du parc. Vous pouvez gravir quelques gradins depuis le bureau du parc, en passant par un clivage dans la montagne, et atteindre une petite plage

Isla Cabrita, Monte Cristi

située un peu plus bas, d'où vous pouvez nager jusqu'à l'Isla Cabrita. La mer entourant le Monte Cristi serait apparemment pleine d'épaves (p. 40).

3 Cayos de los Siete Hermanos

Les « sept frères » sont en fait un archipel de minuscules îlots, ou cayes, plats et secs, à peu de distance du Parque Nacional Monte Cristi. Presque totalement dénuées de végétation, ces flèches littorales arides sont entourées de quelques-uns des récifs les plus immaculés des Caraïbes, rarement visités par des plongeurs. Les îles constituent un refuge pour les oiseaux marins et les tortues, qui les ont toujours utilisées comme territoire de ponte, bien que le braconnage y soit maintenant un problème majeur. Il est possible d'organiser des excursions en bateau, en s'informant à un hôtel ou en se rendant à la plage Juan de Bolaños. ◈ Carte A1.

4 Playa Ensenata

Cette étendue de fin sable blanc partage un promontoire avec la plage Punta Rucia (p. 19) à l'ouest, accessible non sans certaines embûches à partir du village d'Estero Hondo. Considérant l'isolement de l'endroit, il est surprenant de constater à quel point il est fréquenté, surtout les week-ends, lorsque les habitants de la région viennent y pique-niquer et s'y baigner. Il s'agit possiblement de l'une des meilleures plages du pays, avec ses eaux cristallines peu profondes, ses paysages montagneux pittoresques et l'absence appréciée de vendeurs et d'escrocs. De la nourriture et des boissons sont disponibles auprès de bars de plage improvisés durant les week-ends. ◈ Carte B1.

5 La Isabela

Le site du premier établissement permanent de Colomb en Amériques regorge d'intérêt historique et de beautés naturelles. Situé sur le bord de l'océan Atlantique, la rive où les explorateurs établirent un campement européen comprend un entrepôt, une chapelle et un hôpital rudimentaire. Le musée du Parque Nacional La Isabela explique l'importance du site alors que le cimetière avoisinant constitue une parcelle évocatrice de pierres tombales et d'acacias *(p. 18-19)*. ◈ *Carte B1 • Parque Nacional La Isabela : Ouv. lun.-sam., 9h-17h30 • EP.*

6 Luperón

Tirant son nom d'un président, leader politique et magnat du tabac de Puerto Plata, cette petite ville est typique du Nord-Ouest. Elle a peu à offrir en termes d'attractions touristiques conventionnelles, mais dégage une authentique ambiance rurale. Le Parque Central en est le point de convergence, avec la plupart des restaurants de poisson et bars de la région. La baie naturelle de Luperón représente son principal attrait et est grandement appréciée par la communauté de navigation de plaisance. L'hôtel tout-inclus numéro un de la région est le Luperón Beach Resort. ◈ *Carte C1.*

7 Puerto Blanco Marina

Cet aimant à navigateurs de plaisance, situé à un peu plus de 3 km de Luperón, attire bon nombre de visiteurs. La marina, où plusieurs

Puerto Blanco Marina, Luperón

bateaux sont amarrés, est située dans l'estuaire et est entourée de forêts de mangroves et de collines. Le bar et le restaurant sont normalement achalandés et ouverts à tous. Il est facile de faire un tour de catamaran dans l'estuaire et sur la côte avec le Rancho Veragua et de louer de l'équipement pour faire de la plongée libre ou autonome. Avec sa multitude cosmopolite d'amateurs de navigation, la marina se distingue du reste de la région. ◈ *Carte C1. • Rancho Veragua : 571 8052 • www.ranchoveragua.com.*

8 Playa Grande

À ne pas confondre avec la magnifique plage portant le même nom, près de Río San Juan, cette langue de sable plus modeste, flanquée d'un complexe hôtelier, représente l'attraction côtière de la région. La mer ici est invitante, la

Parque Nacional La Isabela

Les défenseurs de la liberté dominicains

L'une des maisons du square principal de Monte Cristi revêt une signification historique spéciale, celle ayant appartenu à Máximo Gómez, combattant d'origine dominicaine ayant lutté pour l'indépendance de Cuba. Maintenant devenue un musée, c'est ici qu'il signa la célèbre déclaration d'indépendance en compagnie de José Martí avant de quitter pour

➔ *Pour faire une réservation au Centre de villégiature de Luperón, Carretera La Isabela, appelez au 571 8303.*

Manzanillo

rangée de palmiers fournit plusieurs coins ombragés et le sable fin est propre. De nombreux bars et restaurants se trouvent à proximité. ❧ *Carte C1.*

9 Manzanillo

La ville et le port frontaliers de Manzanillo, également connu depuis 1930 sous le nom de Pepillo Salcedo, sont l'endroit le plus isolé que vous trouverez en République dominicaine. Mais il est intéressant en raison de sa proximité avec Haïti et pour son passé historique d'important lieu d'exportation de bananes. Aujourd'hui, le port semble totalement négligé mais des projets sont en développement pour l'érection d'un nouveau complexe industriel. Depuis la ville, vous pouvez apprécier le fleuve Massacre, situé dans le territoire haïtien, mais il n'existe aucune frontière officielle ici. La lagune ou le marécage abritent des légions de flamants roses et d'autres échassiers. ❧ *Carte A1.*

10 Dajabón

L'un des trois points de passage officiels pour aller en Haïti, cette ville est célèbre pour ses marchés du lundi et du vendredi. Des foules de vendeurs haïtiens traversent le pont du fleuve qui sert de frontière et installent leur kiosque près du point de passage. Le brouhaha de transactions commerciales qui en résulte est assourdissant et coloré. Il vaut la peine d'aller y faire un tour tôt et pour essayer de profiter d'une bonne occasion car le marché ferme vers le milieu de l'après-midi. ❧ *Carte A2.*

De Puerto Plata à La Isabela

Avant-midi

🕐 Quittez **Puerto Plata** *(p. 16-17)* tôt et dirigez-vous vers **Santiago** *(p. 14-15)* en empruntant la Carretera 5. Après une dizaine de kilomètres, tournez à droite sur le chemin qui mène à Maimón et à Guzmancito. Cette route ardue mais praticable vous fera découvrir de jolis paysages ruraux, dont la plage **Maimón** et une série de petits villages de pêcheurs et d'agriculteurs. Ne quittez pas la route des yeux car de nombreux animaux y errent.

La route aboutit à **La Sabana**. En tournant à droite, vous arriverez à **Luperón**. Vous pouvez vous arrêter pour prendre un verre ou poursuivre votre chemin et vous rafraîchir à la **Marina Puerto Blanco**.

Environ 13 kilomètres plus loin, en passant par la Carretera de las Américas, à travers des bois arides et des troupeaux de chèvres, vous arriverez au joli village côtier d'**El Castillo**. Le **Parque Nacional La Isabela** se trouve juste avant l'entrée du village. Une heure suffira à en faire le tour.

🍴 À l'heure du déjeuner, allez à **El Castillo**. À droite, vous verrez l'hôtel **Rancho del Sol**, où les plats de fruits de mer sont excellents. Sinon, allez manger à la marina ou à la **Playa Grande de Luperón**.

Après-midi

Pour retourner à **Puerto Plata**, il est plus rapide, mais moins pittoresque, de se rendre directement à l'intersection d'**Imbert**, où le garage Texaco indique le chemin de retour.

Gaviota Tours (571 0337) organise des excursions à Dajabón et au-delà de la frontière.

Gauche **Mangroves, Parque Nacional Monte Cristi** Droite **Orchidées**

TOP 10 Faune et flore

1 Mangroves
Broussailles noueuses de végétation dont les racines émergent de vasières, d'estuaires et de lagunes, les mangroves représentent un écosystème unique et fournissent nourriture et refuge à une foule d'oiseaux, de poissons et de crustacées.

2 Crocodiles
Tout comme leurs cousins du Lago Enriquillo *(p. 26-27)*, les crocodiles américains du Nord-Ouest ne sont pas vraiment agressifs, fuyant la présence humaine et se nourrissant de poissons. Leur habitat préféré est la forêt de mangroves.

3 Tortues
Les *cayes* situés au large constituent le lieu de reproduction de prédilection des tortues luth géantes, des caouannes et des petites tortues vertes. Elles pondent de grandes quantités d'œufs sur les plages de ces îles désertes.

4 Pélicans
Le gros pélican brun, avec son long bec muni d'une poche, peut être vu nageant sur l'océan ou plongeant de manière spectaculaire à des angles abrupts à la recherche de poissons.

5 Ibis
Les ibis, blancs avec un bec et une tête rouge facilement reconnaissables,

vivent et s'alimentent en nombreux groupes. Ils préfèrent les vasières et les lagunes peu profondes, où ils se nourrissent de crabes et de petits poissons.

6 Huîtrier pie
Avec sa grande taille, son plumage rayé noir et blanc et son bec orange vif, il est difficile de confondre l'huîtrier pie américain avec toute autre espèce d'échassier.

7 Aigrette
Plus grand et plus blanc que le héron garde-bœuf, l'aigrette est un autre oiseau qui aime les mangroves. Elle vit en colonies dans les broussailles protectrices et chasse ses proies dans les eaux peu profondes *(p. 67)*.

8 Orchidées
Des centaines d'espèces d'orchidées de toutes les couleurs abondent dans les marais du Parque Nacional Monte Cristi *(p. 40, 95)*. Certaines poussent dans les arbres, alors que d'autres se fraient mystérieusement un chemin à travers les parois rocheuses arides *(p. 64)*.

Ibis

9 Cactus
Les conditions désertiques de la région s'avèrent idéales pour plusieurs variétés de cactus. Le bien-aimé s'appelle *tuna*, le figuier de Barbarie, d'où éclosent de jolies fleurs blanches et des fruits comestibles.

Catégories de prix

Pour un repas trois services pour une personne, une bière et tous les frais inévitables, dont les taxes	
$	Moins de $10
$$	$10–$20
$$$	$20–$30
$$$$	$30–$40
$$$$$	Plus de $40

Gauche **Puerto Blanco Marina, Luperón** Droite **Assiette de fruits de mer**

Restaurants et bars

Chris & Mady's
Ce restaurant-bar dominant la mer est situé à proximité de centres de villégiature tout-inclus. ◊ *Carte C1 • Cofresí • 970 7530 • Ouv. 12h-23h • $$.*

Ovando
Restaurant raffiné de cuisine méditerranéenne au décor colonial. Le chef français propose des mets gastronomiques et de délicieux desserts. La cave à vin offre un excellent choix. ◊ *Carte C1 • Sun Village Beach Resort, Cofresí • 970 3364 • Ouv. seul. en soirée • $$$$.*

Paul's Pub & Cybercafé
Ce restaurant, ouvert jusqu'à minuit, propose des steaks, des fruits de mer et des caris. Le bar est également ouvert tard et sert de la bière allemande en fût. Musiciens sur place de temps en temps. ◊ *Carte C1 • Cofresí • 970 7936 • Ouv. 7h-20h • $$.*

Puerto Blanco Marina
Mangez dans un décor enchanteur de lagune entourée de mangroves. Profitez des fruits de mer au restaurant et des musiciens sur place au bar. ◊ *Carte C1 • Luperón • 299 1096 • Ouv. le midi et le soir • Spéciaux de 17h-21h • $$.*

Dally
Ce bistro est reconnu pour ses fruits de mer frais et délicieux. Il possède une discothèque à l'arrière, le Moon, et des chambres sont disponibles pour la nuit. ◊ *Carte C1 • 27 de Febrero 46, Luperón • 571 8034 • Ouv. 8h-23h • $.*

La Yola
Appartenant à des Allemands, ce casse-croûte situé près de la marina propose des fruits de mer et de la cuisine internationale. ◊ *Carte C1 • 27 de Febrero, Luperón • Ouv. le midi et le soir • $$.*

Don Gaspar
Hôtel, restaurant et disco-thèque, Don Gaspar se spécialise dans la cuisine espagnole et domi-nicaine. Essayez les œufs et le *mangú*, de la purée de plantain avec des oignons. ◊ *Carte A1 • Pte Jiménez 21/Rodríguez Camargo, Monte Cristi • 579 2477 • Ouv. le matin, le midi et le soir • $$.*

El Bistro
Ce charmant restaurant situé dans une cour coloniale possède un élégant bar et un menu varié de fruits de mer, de salades et des pâtes. ◊ *Carte A1 • San Fernando 26, Monte Cristi • 579 2091 • Ouv. 0h-24h • $$.*

Comedor Adela
Comedor familial populaire et reconnu pour son excellente cuisine maison. Le viande de chèvre est l'une des spécialités de la région; essayez le ragoût de chèvre épicé. ◊ *Carte A1 • Juan de la Cruz Alvarez 41, Monte Cristi • 579 2254 • Ouv. le midi et le soir • $.*

Cocomar
Les prix de ce petit restaurant sont raisonnables, bien que leur paella et leurs plats de fruits de mer coûtent un peu plus cher. ◊ *Carte A1 • Monte Cristi • 579 3354 • Ouv. 8h-22h • $.*

Passerelle et voiliers, baie de Samaná

La péninsule de Samaná

Débordant les limites de la terre ferme pour se jeter dans l'océan Atlantique, la péninsule de Samaná est une bande de terres verdoyantes et montagneuses où la mer se trouve toujours à proximité. L'eau y est omniprésente, que ce soit par la vue de l'océan ou à travers les ruisseaux et cascades d'eau douce qui la serpentent. La nature offre un spectacle de versants densément boisés et de vergers de cocotiers. Probablement dû à l'arrivée tardive et modérée du tourisme, la région semble plus décontractée que nulle part ailleurs. L'histoire aussi semble lui avoir forgé une identité qui lui est propre. Le patrimoine taïno y est plus concentré et les descendants anglophones afro-américains ont élu domicile dans la ville et la banlieue de Samaná dans les années 1820.

Gauche **Port de Samaná** Droite **Enseigne du Tropical Lodge, Malecón**

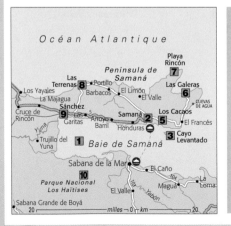

Sites

1 Baie de Samaná

2 Samaná

3 Cayo Levantado

4 Observation de baleines

5 Los Cacaos

6 Las Galeras

7 Playa Rincón

8 Las Terrenas

9 Sánchez

10 Parque Nacional Los Haïtises

1 Baie de Samaná

La vaste étendue de la baie de Samaná s'ouvre à vos yeux lorsque vous conduisez le long de la route méridionale de la péninsule. Ce magnifique port naturel, protégé par les collines avoisinantes, forme un parfait refuge contre les ouragans. À la fin du XIXᵉ s., bon nombre de puissances européennes ainsi que les É-U virent le potentiel de base navale de la baie. Heureusement, ces plans ne se sont jamais matérialisés et la baie demeure presque totalement inaltérée, avec ses belles plages, ses villages en bord de mer et ses panoramas fantastiques sur ses eaux calmes. La baie attire non seulement les navigateurs, mais également les baleines à bosse, qui viennent s'y reproduire et élever leurs progénitures. ◈ Carte F3.

Malecón, Samaná

2 Samaná

La principale ville de la péninsule, Santa Bárbara de Samaná, est un petit port agité surplombant l'immense baie. Bien qu'il s'agisse d'une destination touristique beaucoup moins courue que Las Terrenas (p. 20-21), l'endroit est tout à fait charmant malgré le fait qu'une grande partie de l'architecture de la période victorienne ait été démolie lors du programme de modernisation des années 1970. Les édifices, pour la plupart en béton, sont disposés en quadrilatères. Le Malecón, ce vaste boulevard de bord de mer, constitue le point de convergence de la ville et attire les promeneurs en soirée. N'oubliez pas de jeter un coup d'œil à La Churcha (p. 49). ◈ Carte F2

3 Cayo Levantado

Île déserte à la beauté époustouflante, Cayo Levantado repose à quelques miles au large de la côte et est facilement accessible grâce à un service régulier de visite en bateau depuis le Malecón. Tel est le charme de cette île tropicale à la Robinson Crusoé où a été filmée la publicité de Bacardi, et où l'on voit une plage de sable blanc avec un palmier particulièrement beau. Il vaut mieux la visiter tôt ou tard dans la journée car les excursionnistes la prennent généralement d'assaut en début d'après-midi. Les plages de la partie sud de l'île sont légèrement moins achalandées mais il vous sera probablement impossible d'échapper à toute présence humaine. ◈ Carte F3.

4 Observation de baleines

La saison d'observation de baleines dans la région de Samaná a lieu entre janvier et mars, lorsque environ 12 000 baleines à bosse – la population entière d'Amérique de Nord – se réunissent dans les eaux entourant la péninsule. L'accouplement et l'éducation des progénitures ont lieu à Banca de Plata, au nord de la péninsule, ainsi que dans la baie et ses environs, où les eaux peu profondes favorisent les parades nuptiales et la mise bas. Les baleines à bosse, qui peuvent peser jusqu'à 40 tonnes, sont très spectaculaires.

Malecón, Samaná

➡ *Des traversiers traversent tous les jours du Malecón à l'île Cayo Levantado. Chaque trajet coûte 20 $.*

Playa Bonita, Las Terrenas

Los Cacaos

La route vers l'est de Samaná mène à de nombreuses plages le long du littoral. Au petit village de Los Cacaos, vous découvrirez un hôtel tout à fait merveilleux, le Gran Bahía *(p. 44)*. La petite communauté de modestes pêcheurs n'héberge aucune infrastructure touristique. La piste accidentée de la montagne conduit à une cascade impressionnante aux eaux fraîches et abondantes en provenance du verdoyant versant. ◈ *Carte F2*.

Las Galeras

Situé à l'extrême Est de la péninsule de Samaná, le charmant village de Las Galeras a été témoin d'importants développements touristiques au cours des 20 dernières années sans toutefois perdre son caractère de communauté de pêcheurs isolée et décontractée. La plage, cette langue de sable fin dans une jolie baie en croissant flanquée de falaises et de versants boisés, représente sa principale attraction. Inaltéré par l'expansion commerciale, l'endroit est charmant, avec ses eaux calmes, peu profondes et invitantes. Les hôtels, maisons d'hôtes et restaurants offrent un choix diversifié d'hébergement et de plaisirs de la table. ◈ *Carte F2*.

Playa Rincón

Seul un véhicule tout-terrain robuste ou un trajet de 20 minutes en bateau à partir de Las Galeras pourra vous mener à la spectaculaire et splendidement isolée Playa Rincón, cachée par les écores abruptes situés de chaque côté de la plage. Il n'est pas difficile de comprendre pourquoi plusieurs amateurs affirment qu'il s'agit de la plus belle plage de la péninsule. Une étendue de plus de 3 km de sable blanchi bordée d'une mer azurée s'étire jusqu'à un verger de cocotiers. Bien qu'elle ne représente pas un secret en soi, l'inaccessibilité de ce morceau de paradis risque fort bien de rester à l'abri des foules encore un moment *(p. 44)*.

Las Terrenas

Le lieu touristique le plus développé de la péninsule demeure un endroit décontracté où la vie tourne autour de quelques plages, de restaurants et de boîtes de nuit. La plupart des hôtels et des maisons d'hôtes sont petits et situés le long de la plage principale de la ville ou de la Playa Bonita, à peu de distance. La rue principale est bordée de boutiques, de cafés, de restaurants et de tous les lieux de distraction de la ville *(p. 20-21)*.

Sánchez

Traditionnellement l'entrée de la péninsule de Samaná, la tumultueuse ville de Sánchez représente

Péninsule à vendre

L'emplacement stratégique de la péninsule et de la baie n'est pas passé inaperçu aux yeux de nombreux présidents dominicains du XIXe s., qui ont tenté de s'enrichir de cet atout. En 1868, par exemple, le président Cabral offrit la totalité de la péninsule aux États-Unis pour un versement initial d'un million de dollars et un loyer annuel de 300 000 $.

 Des traversiers traversent tous les jours du Malecón à l'île Cayo Levantado. Chaque trajet coûte 20 $.

le point de passage de tous les véhicules qui veulent traverser la montagne pour se rendre à Las Terrenas. Ce fut autrefois un lieu important, lorsqu'un raccordement ferroviaire liait le port aux centrales agricoles de la vallée de Cibao. Mais ces jours sont révolus. La ville se rendort tranquillement et n'est gardée en vie que par l'industrie de la pêche et le tourisme. Les anciens temps de prospérité sont toujours palpables grâce aux maisons de pain d'épice fleuries mais croulantes qui bordent le front de mer. ❧ *Carte F2*.

10 Parque Nacional Los Haïtises

Sánchez représente probablement le point de départ le plus pratique pour une excursion dans cette réserve naturelle, sauvage et isolée. Un bateau s'y rend tous les jours en traversant le port de pêcheurs de Sabana de la Mar, où des guides conduisent les visiteurs à la petite partie de l'île ouverte au public. Ici, vous aurez le privilège d'admirer l'un des paysages les plus uniques du pays : les collines recouvertes de dense végétation surgissant de l'eau : les *mogotes* qui, comme les mangroves et les forêts pluviales, abritent une grande variété de faune et de flore.

Vieille maison victorienne, Sánchez

De Samaná a Las Galeras

Avant-midi

🕐 Quittez **Samaná** après le petit-déjeuner et dirigez-vous vers l'est en empruntant la Carretera 5. Des montagnes escarpées peuplées de petites fermes et d'installations rurales se dressent à gauche, alors que la **baie de Samaná** est visible sur la droite.

Un village du nom de **Simi Baez** se situe juste après la **Playa Las Flechas**, nommé ainsi après que des indigènes taïnos eurent tiré des flèches à Christophe Colomb lors de sa première visite. Vous pouvez prendre le traversier jusqu'à **Cayo Levantado**, passer du temps sur la plage ou flâner dans un endroit tout près appelé **Anacaona**.

La route continue le long de la côte tapissée de luxuriante végétation et de baies idylliques jusqu'à ce que vous croisiez l'élégant centre de villégiature de style victorien **Gran Bahía**, entouré de jardins bariolés, à **Los Cacaos**. De là, en tournant vers le nord, la route traverse un paysage inusité de grottes de castine, connues sous le nom de **Cuevas de Agua**, où les habitants de la région se feront un plaisir de vous montrer les **sites taïnos** souterrains *(p. 32-33)*.

Après-midi

Arrangez-vous pour arriver à **Las Galeras** à temps pour le dîner. Essayez **El Marinique** *(p. 104)*, un restaurant qui se spécialise dans les steaks et les fruits de mer, ou l'un des casse-croûte des alentours. Vient ensuite le moment de passer du temps dans un coin ombragé de la plage, en prenant soin de ne pas vous étendre sous des cocotiers.

Pour d'autres informations sur le Parque Nacional de los Haïtises, visitez leurs bureaux à Sabana de la Mar ou appelez au 556 7333.

Gauche **Tropical Lodge, Samaná** Droite **Plat de crevettes et de brocoli**

Restaurants-bars

1 L'Hacienda
Mangez à l'intérieur ou, pour une vue sur le port, sur la terrasse extérieure. Ce restaurant de grillades prépare d'excellents steaks. ❧ *Carte F2 • Malecón, Samaná • 538 2383 • Ouv. à partir de midi, fermé dim. • $$$.*

2 Tropical Lodge
Cet hôtel de plage, tenu par Philippe et Brigitte, possède un bon restaurant et sert les meilleures pizzas de Samaná. ❧ *Carte F2 • Malecón, Samaná • 538 2480 • Ouv. le matin, le midi et le soir • $$.*

3 Chez Denise
Le décor coloré et le service sympathique de ce restaurant en font l'endroit idéal non seulement pour casser la croûte mais également pour prendre un bon repas. Essayez les délicieuses crêpes servies avec une variété de garnitures, les savoureuses crevettes ou les salades. ❧ *Carte F2 • Calle Principal, Las Galeras • 538 0219 • Ouv. 9h-22h • $$$.*

4 El Pescador
Ce restaurant aux murs de terre cuite et à l'éclairage extérieur coloré se spécialise dans les fruits de mer et propose des plats de poisson, de homard, de crevettes et de crabe, servis avec une petite salade et du riz. ❧ *Carte F2 • Calle Principal, Las Galeras • 538 0052 • Ouv. à partir de 16h • $$$.*

5 Villa Serena
Repas gastronomique et superbe vue sur la multitude de fleurs et de palmiers du jardin de l'hôtel. Ouvert du matin au soir *(p. 133).*

6 El Marinique
Restaurant de plage à aire ouverte proposant des repas extraordinaires, notamment des crêpes de papaye au sirop d'érable et des pizzas appétissantes. ❧ *Carte F2 • Las Galeras • 538 0262 • Ouv. le matin, le midi et le soir • $$$.*

7 Casa Boga
Situé sur la plage du Pueblo de los Pescadores, ce restaurant offre les meilleurs fruits de mer et poissons en ville. Tous les aliments sont frais et apprêtés à la manière basque *(p. 57).* ❧ *Carte F2 • Las Terrenas • 240 6321 • Ouv. 19h-23h • $$$$.*

8 La Capannina
Restaurant de plage italien situé sur la route longeant le littoral en direction d'El Portillo. L'ambiance est élégante mais décontractée et les pizzas sont particulièrement délicieuses. ❧ *Carte F2 • Las Terrenas • 886 2122 • Ouv. 12h-14h et 19h-23h • $$$.*

9 Veggies
L'un des seuls restaurants végétariens du pays, avec des mets du Mexique, de l'Inde, du monde arabe et de l'Extrême-Orient. Beau décor de conception afro-taïno sur plusieurs étages. ❧ *Carte F2 • Calle El Portillo, Las Terrenas • 240 6131 • Ouv. t.l.j.• $$.*

10 El Paraíso
Bar de plage proposant des boissons rafraîchissantes, du poisson et des crevettes délectables, cuits au four ou frits. ❧ *Carte F2 • El Paraíso, Playa El Valle • 801 2246 • Ouv. de 8h-18h • $.*

Catégories de prix

Pour un repas trois	**$** Moins de $10
services pour une	**$$** $10–$20
personne, une bière	**$$$** $20–$30
et tous les frais	**$$$$** $30–$40
inévitables, dont	**$$$$$** Plus de $40
les taxes	

Le Café de Paris, Samaná

🔟 Clubs et Bars

1 El Mosquito
Situé dans le Pueblo de los Pescadores, cet agréable bar de plage est un lieu de rendez-vous populaire. Les propriétaires, Véro et Alex, sont experts dans la concoction de fantastiques cocktails. ◈ *Carte F2 • Las Terrenas • 867 4684 • Ouv. 18h-2h.*

2 Syroz
Bar impressionnant avec piste de danse sur une plage au sable immaculé tenu par une Française, Michelle, qui accueille des groupes de jazz en direct les week-ends. Les jours de semaine, un DJ fait jouer du house et du soul jusqu'à l'aube *(p. 58).*

3 Nuevo Mundo
Seule discothèque en ville, elle attire les Dominicains grâce à sa musique latine et merengue. Faites attention aux prix car les touristes finissent normalement par payer plus. ◈ *Carte F2 • Av. Duarte, Las Terrenas • Ouv. de 21h-3h.*

4 Tropic Banana
Le bar de l'hôtel est décoré dans un style tropical et propose de la musique variée ; des groupes y jouent parfois en direct. Les tapas représentent le meilleur choix pour accompagner votre cocktail. Possibilité de golf et de pétanque. ◈ *Carte F2 • Las Terrenas • 240 6110 • $$$.*

5 Barrio Latino
D'abord un restaurant, Barrio Latino est également un bar entraînant ouvert jusqu'à minuit. ◈ *Carte F2 • Paseo de la Costanera, Las Terrenas • 240 6367.*

6 La Yuca Caliente
Restaurant espagnol de plage à l'ombre des palmiers. Un endroit enchanteur pour manger des tapas et goûter l'un des nombreux vins de la carte. ◈ *Carte F2 • Libertad 6, Las Terrenas • 240 6634.*

7 Indiana Café
Restaurant-bar situé sur la plage du Pueblo de los Pescadores, idéal pour les noctambules. Musique jazz, reggae et house les week-ends. ◈ *Carte F2 • Las Terrenas • 240 5558.*

8 Bar Le France
Situé sur la route du littoral, ce café-bar sert d'excellentes crevettes et cocktails sur la terrasse ou à l'intérieur. Ouvert jusqu'à ce que les derniers clients quittent. ◈ *Carte F2 • Malecón, Samaná • 538 2257.*

9 Malecón, Samaná
Durant les week-ends et les jours fériés, ce boulevard de bord de mer reprend vie et se bonde de gens à l'heure où les bars et les kiosques ouvrent leurs portes et servent du rhum et de la bière. ◈ *Carte F2 • Samaná.*

10 Le Café de Paris
Intéressant pour les repas légers et les boissons alcoolisées, cet endroit est agréable pour observer les bateaux du port, siroter un cocktail et écouter de la musique rock. ◈ *Carte F2 • Malecón, Samaná • 538 2488 • Ouv. jusqu'à 23h • $.*

Pages suivantes **Des enfants à la plage de Barahona**

Gauche **Hôtel Las Salinas** Droite **Azua**

Le Sud-Ouest

Une longue bande de territoire s'étend depuis la banlieue ouest de Saint-Domingue jusqu'à la frontière haïtienne, englobant certains des paysages les plus distincts et spectaculaires du pays. Le littoral présente une quantité de plages qui se sont développées tant dans les anses éloignées que dans les destinations de prédilection des vacanciers. Les terres agricoles intérieures, luxuriantes et irriguées, créent un contraste absolu avec certains des territoires plus désertiques du pays. Cette région de la République dominicaine est parsemée de villes historiques, mais son charme principal repose sur la sublimité de sa nature. La Sierra de Baoruco est constituée d'une forêt tropicale montagneuse presque intacte ; le Lago Enriquillo, célèbre pour ses crocodiles, est plus connu mais est suffisamment isolé pour inspirer le plus profond respect.

Sites

1. San Cristóbal
2. Baní
3. Las Salinas
4. Azua
5. Barahona
6. Lago Enriquillo
7. Laguna Rincón
8. Sierra de Baoruco
9. Pedernales
10. Parque Nacional Jaragua

Salants, Las Salinas

La Cathédrale, San Cristóbal

San Cristóbal

Lieu de naissance du dictateur Trujillo *(p. 31)*, ce centre provincial animé reçut de grandes sommes des fonds publics durant les 30 années de dictature. Les résultats furent la construction d'une impressionnante cathédrale, de nombreux édifices publics et de deux résidences pour Trujillo. La cathédrale vaut certainement la peine d'être visitée pour jeter un coup d'œil à la tombe ornée du dictateur. Plus intéressantes encore sont les grottes El Pomier *(p. 32)* de même que les plages de Palenque et Najayo, au sud de San Cristóbal. ◈ *Carte D4.*

Baní

Établi sur les terres plates de production de cannes à sucre, Baní est un lieu industriel dont la richesse repose sur les plantations de café, les mines de sel et le commerce. Les délicieuses mangues de la région, disponibles de mai à juillet, sont reconnues à travers le pays. Son plus grand représentant est Máximo Gómez *(p. 96)* qui, en compagnie de José Martí, fut l'artisan le plus en vue de l'indépendance de Cuba. Sa résidence, maintenant devenue un petit musée, est située à proximité du Parque Central. La plage Los Almendros, avec son sable grossier

Máximo Gómez, Baní

ainsi que ses nombreux bars et restaurants animés les week-ends, vaut bien une visite. ◈ *Carte D5.*

Las Salinas

La petite péninsule qui forme la pointe méridionale de la Bahía de Las Calderas constitue un écosystème attrayant, avec ses sebkhas et les plus grandes étendues de dunes des Caraïbes. Une base navale est sise ici mais les visiteurs peuvent conduire jusqu'aux limites de Las Salinas, où un hôtel et un restaurant voient au confort exclusif des véliplanchistes. L'usine d'extraction de sel ne passe pas inaperçue avec ses énormes montagnes de sel traité. Mais les plus beaux panoramas viennent des versants sablonneux qui font face à la mer des Caraïbes. ◈ *Carte D5 • Las Salinas High Wind Center • 310 8141.*

Azua

Sise dans les plaines ardentes entre eaux et montagnes, Azua de Compostela ressemble à une ville dominicaine ordinaire mais représente en fait l'une des plus vieilles cités du nouveau monde. Elle fut fondée en 1504 par Diego de Valásquez, qui allait par la suite conquérir Cuba. Le vieil établissement colonial a été ravagé par les guerres et les tremblements de terre et la reconstruction de la ville s'est faite à l'écart de la mer. À peu de distance de la route se trouvent des maisons de bois joliment peintes mais la plupart des gens préfèrent aller directement à la Playa Monte Río, une plage tranquille qui offre de splendides vues sur la Bahía de Ocoa et sur les montagnes environnantes.

5 Barahona

Le port de Barahona, la plus grande ville de la région, constitue le point d'entrée pour les attractions naturelles du Sud-Ouest. Un large boulevard longe la mer et la ville alors que les

Des enfants à la plage de Barahona

petites rues étroites en partance du Parque Central abritent de vieilles et charmantes constructions. L'ouverture d'un aéroport international dans les années 1990 a favorisé le développement du tourisme, notamment d'un centre de villégiature en bord de mer à même la ville. Mais peu de visiteurs se limitent à Barahona et préfèrent explorer le littoral et les deux parcs nationaux de la région. ⊗ Carte B5.

6 Lago Enriquillo

Probablement le phénomène naturel le plus intrigant du pays, la spectaculaire disposition de cet énorme lac salé est étrangement évocateur. Il forme un écosystème intérieur, avec ses eaux salines, ses fossiles millénaires et sa faune variée. Le souverain de l'endroit est le crocodile américain, qui vit sur l'île principale du lac, la Isla Cabritos (p. 26-27).

7 Laguna Rincón

Remplie d'eau douce plutôt que d'eau salée, la Laguna Rincón, près du village de Cabral, est un autre lac aux dimensions

Tour de bateau à la Isla Cabritos

surprenantes, le deuxième plus grand après la Laguna Limón. Vous pouvez vous en approcher en longeant la route qui fait le tour du lac, mais le meilleur moyen pour le découvrir consiste à faire un tour de bateau guidé dans la lagune et les terres avoisinantes protégées, qui font partie de la Reserva Científica. Vous y verrez une colonie de tortues n'existant que sur l'île d'Hispaniola.

8 Sierra de Baoruco

Chaîne de montagnes sauvages et accidentées qui traverse la frontière haïtienne vers l'ouest, ces impressionnants sommets forment la deuxième plus haute cordillère de la République dominicaine. C'est dans cet impénétrable fouillis de montagnes, de vallées et de forêts que le leader taïno Enriquillo (p. 31) rassemblait les forces rebelles avec lesquelles il mena 14 ans de combat contre les Espagnols. Maintenant un parc national protégé, la chaîne est recouverte de denses forêts pluviales subtropicales et de forêts de pins. Peu de routes sont praticables, mais il est théoriquement possible de se rendre de Pedernales à Aguacate en passant par la piste raboteuse à l'aide d'un robuste Jeep. ⊗ Carte A5.

Bateyes

La région entourant Barahona est jonchée de *bateyes*, des villages de cabanes habités par des coupeurs de canne à sucre haïtiens qui travaillent de manière saisonnière dans les plantations. Ces constructions déglinguées ont été étiquetées de crasseuses au cours des années, mais pour bon nombre d'Haïtiens et de Dominicains de descendance haïtienne, elles sont le symbole d'un réel sentiment de collectivité.

9 Pedernales

Pedernales représente littéralement le bout de la piste, le dernier avant-poste dominicain avant de traverser en Haïti. Ce village isolé aux bâtiments de béton à un étage n'est pas une destination touristique convention-nelle mais l'endroit n'est pas dépourvu d'intérêt, surtout les lundis et vendredis, lorsque les terres neutres entre les deux pays sont le théâtre d'un grand marché en plein air. La plage du village, située à peu de distance de la frontière, vaut également le détour. ⓢ *Carte A5.*

10 Parque Nacional Los Haïtises

Ce parc comprend la pointe la plus au sud du pays, la péninsule de Pedernales, de même que la Isla Beata, une île inhabitée tapissée de broussailles. Couvrant près de 1300 km², il s'agit du plus grand parc national au pays. Le terrain de pierres calcaires, de cactus et d'autre flore abrite un éventail impressionnant d'avifaune, d'iguanes, de lézards et de chauves-souris. Le meilleur moyen de se faire une idée de sa richesse naturelle consiste à faire un tour de bateau dans la lagune Oviedo en communiquant avec le bureau du parc national au village d'Oviedo. ⓢ *Carte A6 • Ouv. de 9h-17h •EP.*

Pêcheurs d'étoiles de mer, Pedernales

Une journée au Lago Enriquillo

Avant-midi

🕐 Partez tôt de **Barahona** en prenant les routes pavées Vicente Noble, Tamayo et Galván jusqu'au village de **La Descubierta** *(p. 27)*. La route traverse des *bateyes* haïtiens, des villages poussiéreux, et offre des panoramas épous-touflants sur la **Sierra de Neiba**. Arrangez-vous pour arriver au **Parque Nacional de Isla Cabritos**, le point d'accès officiel du lac, situé tout juste à l'extérieur de La Descubierta, le plus tôt possi-ble et informez-vous de l'ho-raire des tours de bateaux.

Le trajet de bateau dure envi-ron 30 minutes. Vous pouvez ensuite vous balader sur l'île rocheuse, à la recherche d'iguanes apprivoisés ou attendre le voyage de retour qui s'arrête normalement pour observer les crocodiles. Un rafraîchissement vous est normalement offert à votre retour au bureau du parc.

S'il vous reste de l'énergie, retournez à **Postrer Río** et recherchez les enseignes de **Las Caritas** *(p. 27)*, une grotte couverte de sculptures taïnos que vous atteindrez après une ascension ardue de 10 minutes. Vous pourriez aussi vous baigner dans le bassin naturel à La Descubierta, une source fraîche et sulfureuse. Il existe quelques endroits rudimentai-res pour manger un morceau mais il vaut peut-être mieux d'apporter un peu de nourri-ture et d'eau.

Après-midi

Retournez à Barahona en passant par la route en bou-cle du lac près des villes frontalières de **Jimaní**, **Duvergé** et **Cabral**. Vous aurez une belle vue, à votre gauche, sur la **Laguna Rincón**.

➡️ *Au Parque Nacional de Isla Cabritos, il vaut la peine d'attendre d'autres voyageurs pour partager les coûts du tour de bateau.*

Playa Cabo Rojo

TOP 10 Autres sites

1 Playa Najayo
Comptant parmi les plages favorites des résidents de Saint-Domingue et de San Cristóbal, cette bande de sable doré ne respire pas la tranquillité mais s'avère un bon endroit pour prendre un verre et un repas. ◈ Carte E5.

2 Playa Palenque
Autre lieu de prédilection des Dominicains, cette plage bruyante comporte des coins plus calmes, près du phare et du promontoire, où le sable est un peu moins fin et la mer, un peu plus agitée. ◈ Carte D5.

Bahia de las Aguilas

3 Playa Quemaito
L'une des premières plages le long de la route au sud de Barahona (p. 110), cette partie peu fréquentée mais charmante du littoral est bordée de falaises découpées et de forêts. ◈ Carte B5.

4 Les mines de larimar
Une piste accidentée mène à l'intérieur des terres depuis El Arroyo jusqu'aux mines à ciel ouvert où l'on extrait le larimar semi-précieux. Vous pouvez vous procurer des morceaux de ce minéral bleu. ◈ Carte D5.

5 Baoruco
Ce petit village de pêcheurs, qui abrite maintenant un hôtel tout-inclus, est situé à proximité d'une magnifique plage de sable blanc (p. 45) derrière laquelle se dressent des versants boisés abrupts.

6 El Paraíso
Cette petite ville côtière porte bien son nom, avec ses ravissantes plages, légèrement négligées, à l'ombre des raisiniers (p. 64) et coupée en deux par un ruisseau d'eau douce et fraîche. ◈ Carte B5.

7 Polo Magnético
Dans les hauteurs des collines autour de Cabral se trouve un endroit qui défie les lois de la gravité. Une parcelle de route semble ascendante mais ne l'est pas. ◈ Carte B5.

8 Cabo Rojo
Étendue isolée de sable gris et d'écores rocheux, cette plage désolée (p. 45) porte encore les cicatrices de l'extraction de bauxite. Mais il s'agit d'un paradis sauvage pour les pélicans et d'autres oiseaux marins.

9 Bahía de las Aguilas
Peu de visiteurs se rendent à cette vaste baie désertée entourée de terrains rocheux et épineux. Contrairement à ce que son nom suggère, la baie est plus fréquentée par des goélands, des échassiers et des pélicans que par des aigles. ◈ Carte A6.

10 El Aguacate
Le minuscule poste frontalier d'El Aguacate, qui se trouve au bout d'une tortueuse route ascendante, à l'endroit le plus éloigné que vous pourrez explorer, semble perdu dans les forêts de pins et les nuages. ◈ Carte A5.

Les mines de larimar ne sont accessibles qu'en 4x4.

Gauche et droite **Brisas del Caribe, Barahona**

Catégories de prix

Pour un repas trois services pour une personne, une bière et tous les frais inévitables, dont les taxes	**$** Moins de $10
	$$ $10–$20
	$$$ $20–$30
	$$$$ $30–$40
	$$$$$ Plus de $40

Restaurants

1 Fela's Place
Le menu se limite à des plats simples comme le poulet. Fela's ne sert que des repas rapides. ◎ Carte D4 • General Leger 55, San Cristóbal • 288 2124 • Ouv. 8h-24h • $.

2 El Gran Segovia
Restaurant climatisé au mobilier de bois et au décor nautique. La cuisine est typiquement dominicaine avec beaucoup de fruits de mer. ◎ Carte C4 • Av. Francisco del Rosario Sánchez 31, Azua • 521 3726 • Ouv. le matin, le midi et le soir • $.

3 Cira
Les tables de ce sympathique restaurant à l'ambiance familiale sont disposées dans un jardin d'arbres et de fleurs. Le menu propose principalement des mets à base de chèvre et de poisson. ◎ Carte C4 • Av. Francisco del Rosario Sánchez 101, Azua • 521 3710 • Ouv. 9h-23h • $

4 Francia
De généreuses portions de mets dominicains traditionnels servis simplement. ◎ Carte C4 • Av. Francisco del Rosario Sánchez 104, Azua • 521 2900 • Ouv. 8h-22h • $.

5 Las Salinas
Restaurant-bar décontracté surplombant Las Salinas (p. 109) et populaire auprès des marins pour ses fruits de mer, ses hamburgers et ses pâtes. ◎ Carte D5 • Puerto Hermoso 7, Baní • 248 0308 • Ouv. 7h-23h • $$.

6 El Gran Artesa
Situé dans l'hôtel Caribani, ce chic restaurant climatisé propose de la cuisine dominicaine et internationale, à la carte ou en buffet. ◎ Carte D5 • Sánchez 12, Baní • 522 3871 • Ouv. le matin, le midi et le soir jusqu'à 24h • $$.

7 El Quemaito
Restaurant rustique, tranquille et soigné avec vue sur un jardin et sur la mer. Spécialités suisses et régionales servies. ◎ Carte B5 • Juan Esteban, 10 km sur la route de Barahona à Paraíso • 223 0999 • Ouv. le matin, le midi et le soir, sur réservation seul. • $$.

8 Brisas del Caribe
Meilleur restaurant en ville, avec ses fruits de mer délicieux, son bon service et son décor agréable. Bondé pour le repas du midi. ◎ Carte B5 • Brisas del Caribe, Malecón, Barahona • 524 2794 • Ouv. jusqu'à 23h • $$.

9 Punta Inglesa
Grand restaurant dominicain de l'Hôtel Caribe, sur le Malecón. Profitez de la salle intérieure climatisée ou de la terrasse. Menu du jour de fruits de mer à prix intéressant. ◎ Carte B5 • Av. Enriquillo 21, Barahona • 524 4111 • Ouv. toute la journée • $.

10 Casa Bonita
Mangez au frais dans le décor enchanteur des versants pittoresques. Le restaurant est ouvert toute la journée et est très occupé les jours fériés dominicains (p. 132).

Pages suivantes **Des femmes à un kiosque d'artisan, plage Sosúa** 113

MODE
D'EMPLOI

RÉPUBLIQUE DOMINICAINE TOP 10

Mode d'emploi

Gauche **Téléphérique, Pico Isabel de Torres** Droite **Plage de Sosúa**

🔟 Planification de votre voyage

1 Les saisons

La haute saison touristique se situe entre les mois de décembre et d'avril, période durant laquelle les tarifs sont plus élevés. Durant cette période, le temps est plus sec et moins chaud que le reste de l'année, bien que les températures se maintiennent autour des 25°C. Les températures demeurent raisonnables durant la saison des ouragans, qui s'étend de juin à novembre, et la plupart des tempêtes ont lieu à partir du mois d'août.

2 Passeports et visas

Tous les visiteurs doivent posséder un passeport valide, une carte de touriste, qu'il est possible de se procurer à l'arrivée à l'aéroport, de même qu'un billet de retour. Une taxe de départ de 20 $ doit être payée lors de votre départ. Conservez une photocopie de votre passeport en cas de perte ou de vol.

3 Unité monétaire

La monnaie nationale est le peso dominicain ($RD), qui se divise en cent centavos. Les dollars américains, tout comme les cartes de crédit, sont acceptés un peu partout, sauf dans les régions rurales plus éloignées. Par contre, les euros s'avèrent plus difficiles à échanger.

4 Douanes

Les visiteurs ont le droit d'apporter 200 cigarettes exemptes de droits et 2 litres de spiritueux. Les douaniers ont tendance à ne pas être zélés bien que les autorités dominicaines adoptent la ligne dure pour tout ce qui a un lien avec les armes à feu et les drogues. Les produits alimentaires, particulièrement la viande et les produits laitiers, sont confisqués.

5 Assurance

Il est fortement conseillé d'être couvert par une assurance médicale car vous devrez payer pour tout traitement ou médication dus à un accident ou une maladie. De plus, les meilleures infrastructures privées sont plutôt dispendieuses. Il vaut également la peine de s'assurer contre la perte ou le vol. Tout visiteur désireux de participer à des activités comme la plongée ou le rafting devrait s'assurer d'être couvert par une assurance.

6 Bagages

N'oubliez pas les articles essentiels à un séjour sur la plage. Les maillots de bain peuvent coûter assez cher sur place. Les visiteurs devraient apporter quelques tenues de ville pour les soirées au restaurant ou dans les clubs, et il est très judicieux d'avoir des pantalons et des chandails à manches longues pour les endroits infestés de moustiques et les fraîches soirées des Alpes dominicaines.

7 Précautions en termes de santé

Aucun vaccin n'est obligatoire mais les voyageurs doivent s'assurer qu'ils sont protégés contre le tétanos, la polio et l'hépatite A et B. La malaria et la dengue représentent un risque dans les zones éloignées près de la frontière haïtienne. N'oubliez pas d'apporter vos médicaments prescrits.

8 Antimoustique

L'une des choses les plus importantes à apporter. Vous devriez en appliquer généreusement à la tombée de la nuit, spécialement sur les chevilles. En évitant les piqûres de moustiques, vous améliorerez grandement vos chances de rester en santé en République dominicaine.

9 Électricité

L'alimentation électrique erratique du pays repose sur un système de 110 volts, comme aux É-U et au Canada. Les prises sont de type nord-américain à deux broches. Les visiteurs européens auront besoin d'un adaptateur approprié. Contrairement aux Dominicains, qui doivent chaque jour composer avec des pannes d'électricité dues à un réseau électrique défaillant, la plupart des infrastructures touristiques ont l'avantage d'être munies de génératrices privées.

10 Voyage autonome

Bien que certains voyageurs préfèrent l'autonomie aux forfaits tout-inclus, il ne faut pas oublier que les forfaits réservés d'avance représentent presque toujours une meilleure offre que les réservations de dernière minute.

Bateau de croisière, Saint-Domingue

🔟 À votre arrivée

1 Aéroports internationaux

Votre destination d'arrivée dépend normalement de l'endroit où vous allez séjourner, à Saint-Domingue ou dans l'une des principales régions touristiques. Elles sont toutes desservies par des aéroports internationaux. La plupart des vols réguliers atterrissent à Las Américas, près de Saint-Domingue.

2 Cartes de touriste

Tous les touristes doivent présenter une carte de touriste au contrôle des passeports. Elle coûte 10 $ et est valide 90 jours. Les cartes sont disponibles dans tous les aéroports et doivent être remplies avant de passer par l'immigration.

3 Achat de monnaie à l'aéroport

Il est peu probable que vous soyez déjà en possession de pesos dominicains à votre arrivée. L'aéroport s'avère un bon endroit pour en acheter. Le Banco de Reservas offre un service de change à Las Américas, à Santiago et à Puerto Plata (parfois fermé la fin de semaine). Tous les aéroports sont munis de guichets automatiques, quoiqu'ils soient parfois vides durant la haute saison.

4 Les rabatteurs

Les vols entrants sont souvent assaillis par une horde de rabatteurs qui offrent différents services, comme la location de voiture, la vente de monnaie

et des voyages organisés. Il est judicieux de décliner poliment leurs offres. Les visiteurs qui ont réservé des forfaits vacances sont accueillis par des représentants honnêtes.

5 De Las Américas à Saint-Domingue

L'Aeropuerto internacional de las Américas se situe à environ 13 km à l'est du centre-ville. Bien qu'il existe un service d'autobus, la meilleure solution pour aller en ville consiste à prendre un taxi. Choisissez un chauffeur de taxi officiel (ils possèdent un certificat brun dans le pare-brise) et entendez-vous sur un prix (environ 20 $) avant de partir.

6 Aéroport de Punta Cana

La plupart des complexes hôteliers de Punta Cana-Bávaro se trouvent à moins de 30 minutes d'un aéroport international. Les hôtels possèdent généralement un réseau d'autobus climatisés pour leurs clients. Cependant, des taxis sont toujours disponibles et il vous coûtera environ 20 $ pour aller à la plupart des hôtels.

7 Aéroport de Puerto Plata

Situé entre Puerto Plata et Sosúa, l'Aéropuerto internacional Gregorio Luperón est le point d'entrée principal des visiteurs de la côte septentrionale. Un trajet de 15 minutes à Puerto Plata ou à tout hôtel de la Playa Dorada devrait coûter environ 10 $.

8 Autres aéroports

D'autres aéroports se situent à Santiago (Cibao International), La Romana (utilisé principalement pour la Casa de Campo), Samaná (Arroyo Barril), Las Terrenas (El Portillo), Barahona (María Montéz) et Saint-Domingue (La Isabela).

9 Arrivée par bateau

De nombreux croisiéristes incluent la République dominicaine dans leur itinéraire et s'arrêtent au nouveau port de Saint-Domingue, ou près de la Casa de Campo.

10 Ports d'entrée

Les ports d'entrée officiels pour les navigateurs autonomes se situent à Saint-Domingue, Puerto Plata, Luperón, Samaná et Punta Cana. Des frais de douane de 10 $ par personne sont applicables et doivent être payés au bureau des douanes et de l'immigration pour un permis de séjour de 30 jours.

Annuaire

Aéroports

- *Aeropuerto internacional de las Américas : 549 1069*
- *Punta Cana International : 686 2312*
- *Aeropuerto internacional Gregorio Luperón : 586 1992*
- *Cibao International : 233 8000*
- *Arroyo Barril : 248 2566*
- *María Montéz : 524 4144*
- *La Isabela : 470 9033*

➤ **Voir p.127** *pour de plus amples renseignements sur des voyagistes*

Gauche **Station d'autobus, Saint-Domingue** Droite **Taxi, Saint-Domingue**

TOP10 Comment se déplacer

1 Vols intérieurs

Air Santo Domingo offre des correspondances régulières et fiables entre Saint-Domingue, Puerto Plata, Punta Cana, Samaná, et San Juan (Porto Rico). Caribair propose des vols entre la capitale et Port-au-Prince (Haïti) avec une escale à Barahona. Les vols intérieurs sont beaucoup plus dispendieux que les autres alternatives mais ils peuvent être utiles.

2 Autobus longue distance

Plusieurs entreprises offrent des correspondances économiques à travers le pays dans des autobus confortables. Metro représente une bonne solution pour la côte septentrionale, alors que Caribe Tours compte sur un vaste réseau d'autobus desservant l'est et le nord de la capitale. Presque tous les autobus sont climatisés et possèdent des toilettes, de même que des sièges confortables. Une option intéressante pour visiter le pays.

3 Taxis

Il ne manque jamais de taxis, surtout dans les zones touristiques. Votre hôtel sera en mesure de vous recommander une entreprise de bonne réputation ou pourra appeler un taxi pour vous. Il est judicieux de toujours convenir du prix avant de partir puisque la plupart des taxis ne possèdent pas de compteur. Plusieurs chauffeurs sont amicaux et instruits et peuvent être engagés comme guide.

4 Públicos et Guaguas

Les *públicos* sont des voitures privées, normalement remplies de passagers, qui agissent à titre de taxis partagés et qui parcourent des trajets fixes. Les *guaguas* sont des mini-fourgonnettes qui partent d'une station d'autobus locale.

5 Motoconchos

L'option économique par excellence, le *motoconcho* (p. 123), consiste en une motocyclette où le passager s'assoit sur la selle arrière. Plutôt rapide, mais dangereux.

6 Location de voiture

La location de voiture est très répandue mais dispendieuse. Réservez à l'avance avec une entreprise internationale établie, comme Hertz ou Avis. La compagnie locale Nelly offre un bon service.

7 Motocyclettes

Vous pouvez facilement louer une moto dans une entreprise spécialisée dans l'une des principales zones touristiques. Attendez-vous à payer entre 20 et 30 $ par jour.

8 Bicyclettes

Vous pouvez louer une bicyclette dans une entreprise spécialisée, comme Iguana Mama (p. 127), ou dans un centre de villégiature. Le port du casque est obligatoire. Vous devriez faire preuve de la plus haute prudence sur les routes achalandées.

9 Traversiers de Samaná

Samana Net relie le port de Samaná avec Sabana de la Mar, de l'autre côté de la baie de Samaná, mais ne transporte pas pour l'instant de véhicules. Le voyage à travers les pittoresques eaux est plaisant et il représente une bonne manière d'éviter le long trajet autour de la baie. Vous devrez cependant utiliser le transport en commun une fois arrivé de l'autre côté.

10 À pied

Mis à part les randonnées dans la cordillère centrale, peu de visiteurs ont l'habitude de se déplacer à pied. Il s'agit cependant d'un moyen pratique pour visiter les centres-villes, comme la Zona Colonial de Saint-Domingue ainsi que le cœur de Puerto Plata ou de Santiago. N'oubliez pas d'apporter des chaussures confortables.

Annuaire

Vols intérieurs

- *Air Santo Domingo : www.airsantodomingo. com*
- *Caribair : www. caribair.com*

Autobus

- *Metro : 556 7126*
- *Caribe Tours : www. caribetours.com.do*

Location de voiture

- *Hertz : www.hertz.com*
- *Avis : www.avis.com*

Traversiers

- *Samana Net : www. samana.net*

Gauche **Central La Romana** Droite **Feu de circulation**

Conseils de conduite

1 Conduisez à droite

Si vous prévoyez louer une voiture, rappelez-vous que la conduite peut être excitante en plus de représenter un défi. En théorie, les Dominicains conduisent à droite, mais des véhicules en dépassement occupent parfois le milieu de la chaussée, même dans les virages masqués.

2 Animaux

Les animaux, surtout les chèvres, représentent un danger dans certaines régions rurales éloignées du pays, car elles ont tendance à errer sans surveillance sur les routes. Ceci constitue un problème après la tombée de la nuit, lorsque la visibilité est limitée. Les chiens sont également souvent impliqués dans des collisions.

3 À la noirceur

La conduite après le crépuscule est généralement risquée à cause de la moins bonne visibilité et de la présence d'animaux, de nids-de-poule et d'autres obstacles sur la route. Les artères principales sont plus sûres que les routes de campagnes isolées, mais rappelez-vous que certains conducteurs utilisent des véhicules sans phares et que d'autres ne considèrent pas l'utilisation des feux de croisement, ce qui pourrait vous aveugler. Il est plus prudent, sauf dans les zones urbaines, de ne pas conduire à la noirceur.

4 Ralentisseur

La plupart des villes et villages possèdent une panoplie de ralentisseurs, parfois accompagnés par un policier ou un poste de contrôle militaire dont l'objectif est de faire respecter les limites de vitesse nationales de 80 km/h sur les routes principales et de 40 km/h en ville.

5 Postes de contrôle

Fréquents surtout dans les régions près d'Haïti, ces postes n'impliquent normalement rien de plus que de ralentir et de recevoir un signe d'un soldat blasé. Parfois, le personnel militaire décide d'y aller d'une inspection hâtive, qui ne devrait pas vous inquiéter.

6 Police

La police dominicaine a longtemps eu la réputation d'être corrompue et de soudoyer les motocyclistes sous le faux prétexte qu'ils dépassaient la limite de vitesse. Cette pratique est moins répandue depuis une campagne menée par les autorités, mais des cas isolés ont encore lieu. Deux options s'offrent à vous : tendre au policier un petit billet de banque (20 ou 50 $RD) ou vous acharner à lui dire que vous ne parlez pas espagnol jusqu'à ce qu'il lâche prise.

7 Péages

Les grandes autoroutes en partance de Saint-Domingue (vers l'aéroport de Las Américas, Santiago, San Cristóbal et Haina)

sont munies de postes de péage automatiques à la sortie et à l'entrée de la capitale. Vous devrez posséder la monnaie exacte (présentement 30 $RD par véhicule).

8 Essence

L'essence est relativement coûteuse étant donné l'augmentation des tarifs mondiaux et de la faiblesse du peso dominicain. Les stations-service (*bombas*) abondent dans les zones urbaines mais se font rares dans les régions éloignées. Il est donc judicieux de faire le plein quand vous en avez l'occasion. Plusieurs *bombas* ferment vers 20h.

9 Crevaisons

Les crevaisons représentent un problème constant sur les artères peu entretenues du réseau routier du pays et sur les chemins cahoteux. L'achat de nouveaux pneus peut coûter très cher. La solution la plus économique consiste à faire appel au service de l'un des nombreux réparateurs de pneus (*gomeros*) que vous trouverez dans toutes les villes.

10 Feux de circulation

Plusieurs villes dominicaines fonctionnent avec des feux de circulation aux quatre coins des intersections. Les feux étant souvent défectueux, il est donc prudent d'approcher chaque carrefour avec la présomption qu'une voiture omettra de faire un arrêt.

Gauche **Librairie Thesaurus** Droite **Rafting en eaux vives, Jarabacoa**

🔟 Sources de renseignements

1 Offices du tourisme à l'étranger

Les offices du tourisme dominicains officiels aux États-Unis, au Canada et au Royaume-Uni fournissent des brochures et des renseignements sur les principales destinations. Pour plus de détails sur des activités spécifiques, de même que sur des hôtels plus petits et des voyages autonomes, vous devriez vous renseigner auprès d'agences, d'offices du tourisme et de sites Web indépendants.

2 Offices du tourisme régionaux

Il existe des offices du tourisme un peu partout dans le pays, avec les bureaux principaux situés à Saint-Domingue. Cependant, peu d'entre eux possèdent plus que les renseignements de base. Une bonne alternative serait de se tourner vers les voyagistes spécialisés (p. 127).

3 Sites Web

Une énorme quantité de renseignements sur le pays est disponible sur Internet. Les moteurs de recherche sont très utiles pour dénicher des renseignements spécifiques.

4 Information en anglais

Il n'existe présentement aucun journal anglais en République dominicaine. Une source inestimable de nouvelles et de renseignements généraux sur le tourisme et les voyages est néanmoins disponible sur le site Web DR1.

5 Presse en espagnol

Une presse régionale à l'affût diffuse tous les jours des publications à Saint-Domingue. Certaines sont disponibles sur Internet, comme *Listin Diario*, *Diario Libre* et *El Caribe*.

6 Agences de voyage régionales

Installées aux quatre coins du pays, ces agences possèdent souvent des renseignements pertinents sur des activités et des régions spécifiques.

7 Cartes

Il existe plusieurs bonnes cartes du pays, la meilleure étant publiée par Berndtson & Berndtson. À Saint-Domingue, le meilleur endroit pour s'en procurer est Mapas Gaar (www.mapasgaar.com.do).

8 Librairies

Plusieurs librairies de Saint-Domingue offrent une gamme intéressante de cartes, de guides et d'autres publications sur les voyages.

9 Guides

Il existe plusieurs guides qualifiés et bien informés, bien que certains individus s'improvisant guide touristique peuvent parfois n'être d'aucune utilité. Demandez à votre hôtel et aux Dominicains que vous connaissez de vous référer à une bonne personne, qui pourrait également être un chauffeur de taxi (p. 118).

10 Voyage aventure

Pour des vacances pleines d'activités et de sports, il vaut la peine de consulter le site Web *www.drpure.com* pour obtenir des cartes, des renseignements et un éventail de liens utiles.

Annuaire

Offices du tourisme à l'étranger
- É-U : 1 (212) 588 1012
- Canada : 1 (514) 499 1918

Offices du tourisme régionaux
- Saint-Domingue : Palacio Bonde
- Puerto Plata : Malecón 25
- Santiago : Duarte et Estero Hondo
- Samaná : Carretera Las Terrenas

Sites Web
- www.debbiesdominicantravel.com
- www.hispaniola.com
- www.dominican-rep.com
- www.dominicanrepinfo.com
- www.dr1.com

Nouvelles sources
- Listín Diario : www.listin.com.do
- Diario Libre : www.diariolibre.com.do
- El Caribe : www.elcaribe.com.do

Boutiques de cartes et de guides
- Mapas Gaar : El Conde/Espaillat 303, Saint-Domingue
- Thesaurus : Av. Lincoln, Saint-Domingue
- Librería La Trinitaria : Arzobispo Nouel 160, Saint-Domingue

*Pour de plus amples renseignements sur les offices du tourisme dominicains, visitez le **www.dominicanrepublic.com***

Gauche **Téléphone public, Saint-Domingue** Droite **Café Internet, Côte septentrionale**

🔟 Banques et communications

1 Le peso
Le peso dominicain se divise en cent centavos et est imprimé en billets de 5, 10, 20, 50, 100, 500, 1000 et 2000. Ces deux derniers sont souvent impossibles à changer, surtout dans les zones rurales. La seule pièce qui s'utilise quotidiennement est celle de 1 peso. Le taux de change du peso par rapport au dollar américain et aux autres devises fluctue grandement. Un taux officiel est annoncé tous les jours dans les journaux.

2 Utilisation de dollars américains
Dans les zones touristiques et les hôtels tout-inclus, on annonce souvent les prix en dollars américains, que l'on préfère au peso. Dans les régions plus éloignées, le peso demeure la devise de référence.

3 Banques et guichets
Il existe plusieurs banques étrangères et régionales qui changent les dollars au taux quotidien. L'attente pour avoir accès à ce service pourrait toutefois être assez longue. Les heures d'ouverture sont normalement de 8h30 à 17h, du lundi au vendredi. Les principales banques, comme Banco Popular, Banco León et Banco del Progreso, possèdent des guichets automatiques qui acceptent les cartes MasterCard et Visa.

4 Bureaux de change
Les *casas de cambio* offrent plus ou moins le même taux que les banques et changent les chèques de voyage. Ils sont ouverts plus longtemps que les banques.

5 Cartes de crédit
Les principales cartes sont acceptées dans presque tous les hôtels, restaurants et boutiques touristiques mais pas dans les endroits plus en retrait ou dans les petites boutiques. Consultez attentivement le bordereau avant de signer et assurez-vous que l'on ne vous facture pas en dollars américains si vous croyez payer en pesos. Les cartes de crédit peuvent être utilisées pour des avances de fonds dans certaines institutions, avec une commission d'au moins 5 %

6 Téléphones
Les téléphones publics, exploités par plusieurs entreprises privées, sont nombreux et fiables. Pour faire des appels internationaux bon marché, vous devriez vous procurer une carte d'appel (Verizon) de 25 $ à 500 $ *(p. 124)*. Les appels faits à partir d'hôtels coûtent souvent très cher; appelez donc à frais virés.

7 Codes téléphoniques
Les appels à l'intérieur du pays comptent 7 numéros et sont précédés du code régional 809. Pour appeler à l'extérieur, composez d'abord le 00, puis le code du pays. Pour appeler en République dominicaine à partir de l'extérieur, composez le numéro d'accès international (00 au Royaume-Uni et 011 en Amérique du Nord), puis 809 suivi du numéro de téléphone.

8 Tarifs téléphoniques
Les tarifs varient énormément entre les prix exorbitants des hôtels et les tarifs plus raisonnables des comptoirs téléphoniques, où un opérateur compose le numéro et vous assigne une cabine. Les appels d'une ville ou d'un district à l'autre coûtent la même chose que les appels aux É.-U. Il est beaucoup plus économique d'appeler le dimanche, ou entre minuit et 8h.

9 La poste
La poste est terriblement lente et vous ne devriez pas utiliser les boîtes aux lettres des rues. Les services de livraison spéciale *(entrega especial)* sont offerts dans les grands bureaux de poste mais manquent souvent de fiabilité. Il est préférable d'utiliser une entreprise de messagerie internationale lors d'envois importants.

10 Internet
Les services Internet se sont largement répandus et améliorés mais sont toujours victimes de problèmes techniques et de pannes d'électricité. La principale zone touristique compte maintenant un éventail de cafés Internet, bien que peu d'entre eux aient une connexion DSL rapide. La facturation se fait normalement à l'heure. Malgré tous les problèmes, les courriels demeurent le meilleur moyen de rester en contact.

Gauche **Voiture de police** Centre **Pharmacie, La Descubierta** Droite **Eau embouteillée**

TOP 10 Santé et sécurité

1 Urgences

Il est possible de communiquer avec la police, le service d'incendie et les ambulances en composant le 911. De manière générale, les policiers sont sensibles à tout crime commis envers les touristes, bien que les vols entraînent souvent de longues procédures bureaucratiques. Vous pouvez normalement obtenir de l'aide de votre ambassade ou consulat. Il existe une entreprise d'ambulances privée.

2 Services de santé

Les hôpitaux et les cliniques publics sont assez rudimentaires. Votre hôtel sera en mesure de vous référer à un médecin parlant anglais et ayant une formation américaine. En cas d'urgence, communiquez avec votre compagnie d'assurance.

3 Pharmacies

Vous trouverez des pharmaciens compétents dans tous les grands centres. Vous n'avez pas nécessairement besoin d'une prescription pour obtenir des médicaments. Assurez-vous que les médicaments qui vous sont prescrits ne sont pas d'usage commun, qu'il ne s'agit pas de versions moins cher et qu'ils ne sont pas périmés.

4 Sécurité personnelle

Les crimes violents commis contre des étrangers sont rares mais il existe certains risques d'être victime d'un vol à l'arraché ou d'un pickpocket. Évitez les endroits sombres et retirés, ne transportez pas de grosses sommes d'argent, n'exhibez pas de montres ou de caméras dispendieuses et gardez vos biens de valeur à l'hôtel, préférablement dans un coffre-fort.

5 Harcèlement

La plupart des voyageurs expérimentent un certain niveau de harcèlement de la part d'individus proposant une panoplie de services. L'insolence mène rarement à un dénouement satisfaisant et peut s'avérer improductive.

6 Postes de police

Chaque ville ou village possède son poste de police, mais très peu d'agents parlent anglais. En cas de vol,adressez-vous à votre hôtel ou à votre ambassade.

7 Consulats

Le Canada, les États-Unis et le Royaume-Uni ont tous une ambassade et des services consulaires à Saint-Domingue.

8 Femmes en voyage

Les femmes étrangères reçoivent souvent beaucoup d'attention indésirable de la part des hommes dominicains. Cependant, cette attention est la plupart du temps inoffensive. La réponse la plus efficace demeure l'indifférence.

9 Salubrité alimentaire

Le meilleur moyen d'éviter tout malaise d'origine alimentaire consiste à rester loin de certains aliments, dont la viande, le poisson et les produits laitiers qui ont passé trop de temps sur le comptoir d'un buffet.

10 Eau

Ne buvez pas l'eau du robinet. Certains préfèrent même ne pas se brosser les dents avec. Assurez-vous que les glaçons proviennent d'eau purifiée. L'eau embouteillée se trouve partout et ne coûte pas cher.

Annuaire

Cliniques médicales
- *Clínica Abreu : Belle 42r, Saint-Domingue, 688 4411, 688 4411*
- *Hôpital universitaire UCE : Av. Máximo Gómez, Saint-Domingue, 221 0171*
- *Centro médico Punta Cana : El Salado, Bávaro, 552 1506*
- *Hospiten Bávaro : Higüey, 686 1414*
- *Hospiten Santo Domingo : 381 1070*
- *www.mdtravelhealth. com*

Postes de police
- *Av. Independencia, Saint-Domingue, 533 4046*
- *Carretera 5, Puerto Plata, 586 2331*
- *Calle del Sol, Santiago, 582 2331*

Ambassades et consulats
- *É-U : Saint-Domingue, 221 2171*
- *Canada : Saint-Domingue, 689 0002*

Mode d'emploi

Gauche **Taxi, Saint-Domingue** Droite **Motoconchos, Las Terrenas**

TOP 10 À éviter

1 Arnaque d'échange de monnaie

N'acceptez jamais les offres alléchantes des prétendus changeurs de monnaie qui vous approchent. Bien que la situation se soit améliorée, le système informel d'échange de monnaie frise invariablement l'extorsion et vous finissez normalement avec beaucoup moins de pesos que ce que vous aviez préalablement prévu.

2 Arnaque de taxi

La plupart des taxis ne sont pas munis de compteurs et, bien qu'il existe de tarifs fixes pour les trajets communs, ces tarifs sont rarement consultables. Si la plupart des chauffeurs de taxi sont honnêtes, quelques-uns tenteront parfois d'extirper de grandes sommes d'argent aux étrangers. Entendez-vous toujours sur un prix avant de partir.

3 Embouteillage

Le réseau routier entourant Saint-Domingue est souvent en proie à des embouteillages monstres, surtout les week-ends et les jours fériés *(p. 50-51)*, lorsque les habitants de la capitale se déplacent vers les plages et les montagnes. Évitez ces périodes d'achalandage, notamment les vendredis après-midi et soir de même que les dimanches soir. Les pires embouteillages ont lieu à l'entrée de Saint-Domingue, au moment de traverser le fleuve Ozama pour aller au centre-ville.

4 Pannes d'essence

Il est judicieux de faire le plein chaque fois que vous en avez l'occasion, surtout si vous vous trouvez dans la cordillère centrale ou loin au Nord-Ouest, puisque les pannes d'essence *(p. 119)* peuvent vous faire perdre beaucoup de temps en plus de vous coûter très cher.

5 Manque d'argent comptant

Les banques *(p. 121)* des principales villes sont souvent fermées les week-ends, bien que les *casas de cambio* (bureaux de change) aient des horaires plus flexibles. Lorsque vous partez en campagne, assurez-vous d'avoir assez d'argent pour faire face à toute éventualité.

6 Drogues

Bien que le pays soit moins porté sur les drogues que d'autres pays des Caraïbes, des revendeurs pourraient vous offrir de la cocaïne ou de la marijuana dans les centres de villégiature et de l'ecstasy dans les boîtes de nuit. La police dominicaine prend très au sérieux toute activité liée aux drogues et les prisons dominicaines sont des endroits extrêmement désagréables.

7 Insolations

Il est facile, surtout avec des enfants, de sous-estimer la puissance du soleil tropical. Les coups de soleil et les insolations représentent la menace la plus commune aux séjours agréables. Les visiteurs devraient éviter de sortir entre midi et 15h et se mettre une généreuse couche de crème solaire, même lorsque le ciel est nuageux. Buvez beaucoup d'eau pour éviter de vous déshydrater.

8 Moustiques

Ces insectes importuns et potentiellement nuisibles se trouvent partout au pays, surtout près des eaux stagnantes et des marécages. Ayez toujours de l'antimoustique *(p. 116)* et assurez-vous que votre chambre est munie d'un écran à moustiques en bon état.

9 Puces des sables

Bien qu'elles ne soient pas particulièrement dangereuses, les piqûres des puces des sables s'avèrent étonnamment douloureuses. Ces bestioles s'activent surtout sur les plages à la tombée de la nuit mais ne semblent pas apprécier les laits solaires et l'huile pour bébé. La crème d'hydrocortisone aide à apaiser la douleur et les démangeaisons des piqûres.

10 Motoconchos

Les motocyclettes représentent le transport en commun le moins cher *(p. 118)*. Elles sont non seulement dangereuses parce que les passagers ne portent souvent pas de casques, mais sont souvent impliquées dans des accidents avec les piétons. Regardez de chaque côté avant de traverser la rue.

Gauche **Sam's Bar & Grill, Puerto Plata** Droite **Touristes flânant dans un bar, Playa Sosúa**

TOP 10 Comment économiser

1 Voyagez en basse saison

Vous pouvez économiser beaucoup en voyageant en basse saison, qu'il s'agisse d'un voyage organisé ou autonome, entre septembre et la mi-novembre. Cette période coïncide avec la fin de la saison des ouragans, ce qui ne devrait pas vous dissuader d'y aller.

2 Recherchez les forfaits

Plusieurs agences de voyage proposent des rabais substantiels sur les offres de dernière minute, mais ceci implique un départ impromptu. Les forfaits tout-inclus sont normalement meilleur marché que les vols et les recherches d'hôtels improvisés.

3 Recherchez les offres des hôtels

Si vous êtes un voyageur autonome, essayez de négocier les tarifs offerts par les hôtels, soit en optant pour une chambre sans repas, soit en marchandant poliment. Certains hôtels dominicains, surtout à Saint-Domingue et à Santiago, proposent des tarifs réduits durant les week-ends, lorsque les voyageurs commerciaux n'utilisent pas leurs chambres.

4 Transports en commun

Les autobus et les *guaguas* coûtent une fraction du prix des locations de voiture et représentent une bonne manière de voir du paysage et de rencontrer des Dominicains. Loin d'être luxueuses, les *guaguas* sont fiables, elles passent régulièrement et elles vous conduiront de votre hôtel à la plage pour seulement quelques pesos.

5 Nourriture de rue

La nourriture en vente dans les stands des rues ou dans les *comedores*, tenus par des familles, peut représenter un léger risque pour votre santé. Mais si vous vous assurez qu'il s'agit d'aliments frais, un plat de poulet avec du riz et des haricots vous coûtera à peine 2 \$. Le meilleur moyen d'éviter ces désagréments consiste à voir les aliments cuisinés devant vous et à éviter les salades et les fruits lavés avec l'eau du robinet.

6 Cinq à sept

Plusieurs hôtels, bars et restaurants offrent des cocktails à moitié prix ou accompagnés d'une légère collation en fin d'après-midi. Le meilleur moment pour profiter de ces offres est généralement entre 18h et 20h, surtout dans les zones touristiques.

7 Partagez un guide

Puisque les guides vous demanderont normalement un tarif fixe, quel que soit le nombre de clients, il peut être judicieux de partager les coûts d'une visite guidée avec d'autres voyageurs. Vous pouvez aussi partager les services d'un chauffeur de taxi-guide entre quatre personnes.

8 Marchandage

La plupart des commerçants locaux présument, non sans raison, que les touristes peuvent se permettre de payer plus que le prix normal d'un T-shirt, d'un collier ou d'un souvenir. Vous pouvez marchander sans problème dans les endroits autres que les supermarchés. Vous pouvez faire baisser le prix assez pour considérer votre achat comme une bonne affaire tout en laissant un certain profit au vendeur.

9 Évitez les boutiques touristiques

Les articles des boutiques situées dans les hôtels et les centres commerciaux touristiques sont souvent trop chers. Vous feriez mieux de vous procurer des produits comme le savon, le shampoing, l'alcool et les collations dans les *colmados* de votre voisinage. Les vêtements et les souvenirs sont plus abordables dans les marchés informels couverts ou extérieurs de même que dans ceux situés dans les centres de villégiature près des plages.

10 Achetez une carte d'appel

Les appels faits à partir des chambres d'hôtel peuvent être très onéreux et il est parfois malcommode d'appeler depuis une cabine téléphonique. La solution la plus économique consiste à vous procurer une carte d'appel (p. 121) que vous pouvez utiliser avec n'importe quel téléphone, dont celui de votre chambre d'hôtel.

Gauche **Bière Presidente** Centre **Rhumerie Brugal** Droite **Café Hemingway**

🔟 Manger et boire

1. Restaurants, cafeterías et comedores

Les prix pour un repas varient énormément en République dominicaine. Dans les restaurants luxueux, ils représentent facilement un investissement de plus de 50 $ par personne, alors que les repas des modestes *cafeterías*, qui offrent une variété de plats précuits, vous coûteront sûrement moins de 5 $. D'autre part, les *comedores*, de petits restaurants régionaux, ne proposent normalement qu'un plat du jour.

2. Collations et restauration rapide

Dans des centres touristiques, vous trouverez un éventail d'endroits où manger des hamburgers ou du poulet, mais il peut être plus intéressant de vous laisser tenter par les aliments qui vous sont proposés dans les stands à collation. Cuites sur le moment et à grand débit, ces délicieuses collations sont probablement moins risquées que les repas tièdes des buffets.

3. Petits-déjeuners

Les Dominicains aiment les petits-déjeuners copieux et la plupart des hôtels vous offriront des spécialités régionales comme le *mangú*. Il y aura toujours une variété de fruits tropicaux, de pains et de pâtisseries à votre disposition, sans oublier, bien sûr, le café dominicain.

4. Buffets

Les buffets représentent pour les hôtels le meilleur moyen de rassasier une grande quantité de personnes simultanément. Ils peuvent cependant s'avérer plutôt fades et ennuyeux, surtout après quelques jours. L'autre problème provient du fait que les aliments laissés à découvert et à la chaleur peuvent rapidement attirer une multitude de microbes. Plusieurs cas de malaise d'origine alimentaire ont été attribués aux buffets.

5. Aliments frits

La nourriture dominicaine, à l'instar de la cuisine espagnole, est souvent apprêtée avec une grande quantité d'huile. Les légumes, comme les haricots verts, arrivent souvent à votre table dans une marre d'huile. Vous pouvez éviter certaines de ces situations en demandant de la viande ou du poisson grillé, préparé *a la parrilla* ou *a la plancha*.

6. Additions et pourboires

Une taxe gouvernementale de 16 % et une taxe de service de 10 % sont automatiquement ajoutées aux additions des restaurants. Étant donné les minces chances que votre serveur se prévale de cet argent, vous devriez aussi ajouter 10 % de pourboire si vous croyez que le service en a valu la peine.

7. Bières et vins

La plupart du vin est importé d'Espagne ou d'Amérique du Sud et coûte relativement cher. Le « vin maison » des forfaits tout-inclus est souvent imbuvable. Mais la bière dominicaine, généralement de marque Presidente, est excellente et est servie très froide, même dans les boutiques des régions les plus isolées.

8. Rhum

Le rhum est le premier choix de tout buveur sérieux. Il en existe trois excellentes marques offertes dans des variétés brunes ou plus claires : Brugal, Barceló et Bermúdez. *Añejo (p. 55)* signifie « âgé »; ces rhums sont généralement plus doux et plus dispendieux que les rhums standards. Évitez les cocktails trop sucrés et essayez un rhum sur glace.

9. Bars

En dehors des zones touristiques, où les tenanciers de bars *(p. 58)* sont souvent des expatriés dotés d'un talent naturel pour plaire aux étrangers, les bars dominicains peuvent être des endroits quelque peu rudimentaires, dominés par un esprit machiste ne convenant pas nécessairement aux femmes, même accompagnées. Aussi bien prendre un rafraîchissement à la boutique du coin où un immense réfrigérateur bien garni vous attend.

10. Achat de bouteilles

Lors d'une sortie nocturne en groupe, il est coutumier de commander une bouteille de rhum à partager. Elle vous sera présentée avec un seau de glace et vous pouvez demander des boissons gazeuses en accompagnement.

Voir aussi p. 56-61 pour d'autres propositions de restaurants, bars et sorties nocturnes.

Gauche **Hôtel Gran Almirante, Santiago** Centre **Playa Sosúa** Droite **Cocktail aux fruits**

10 Besoins spéciaux

1 Voyageurs du troisième âge

Les hôtels tout-inclus possèdent une grande expérience en termes de besoins spéciaux, surtout pour les déplacements, et sont pourvus d'ascenseurs et d'autres installations. Dans les régions rurales, par contre, moins de compromis ont été pris pour accueillir les personnes âgées et les toilettes ou salles de bain publiques sont souvent mal équipées.

2 Voyageurs avec un handicap

Certains progrès ont été faits dans les constructions récentes et dans les remises à neuf de complexes hôteliers, surtout dans le secteur tout-inclus, pour faciliter les séjours des voyageurs avec un handicap. Mais, à l'exception de quelques lieux touristiques, le pays n'est pas adapté à ces besoins spéciaux et il n'y a pas de voitures appropriées.

3 Enfants

Les simples précautions comme ne pas boire l'eau du robinet et ne pas s'exposer trop longtemps au soleil devraient vous permettre d'éviter d'éprouver des problèmes de santé. De nombreuses activités sont offertes pour les plus jeunes visiteurs *(p. 36-37)*.

4 Garderies

La plupart des grands hôtels tout-inclus comprennent un club qui organise des activités supervisées pour enfants à la plage ou à la piscine. Si vous désirez sortir tard sans enfants, il est possible d'engager une gardienne ; demandez à la réception de votre hôtel.

5 Couches pour bébé

Des couches jetables sont disponibles dans les grands supermarchés et les pharmacies, parfois à un prix exorbitant. Si vous voyagez avec un bébé, vous devriez au moins prévoir une quantité de couches d'urgence de votre marque favorite, étant donné la pauvre qualité de celles vendues en magasin.

6 Prescriptions

Les gens qui doivent prendre régulièrement des médicaments devraient apporter plus que ce dont ils auront besoin, en cas de retard ou d'urgence.

7 Végétariens

Le végétarianisme a encore beaucoup de chemin à faire malgré la présence de quelques restaurants végétariens à Saint-Domingue et dans les centres touristiques. Les végétariens pourraient avoir à se contenter d'œufs frits, de riz et de haricots. Le choix est plus varié dans les grands hôtels, car les buffets ont tendance à offrir une vaste sélection de salades et de mets végétariens.

8 Voyageurs homosexuels

La République dominicaine est un pays extrêmement catholique et machiste, raison pour laquelle la plupart des gens ont une opinion négative des relations homosexuelles. Il est par conséquent peu recommandable pour les couples homosexuels d'afficher publiquement leur affection. Les relations homosexuelles ne sont pas vraiment illégales, mais il arrive parfois que ces couples soient victimes de harcèlement ou de violence. Par contre, il existe un milieu gay dans la capitale et les relations sont beaucoup plus tolérées dans les complexes décontractés de Sosúa, Las Terrenas et Cabarete.

9 Se marier

Se marier en République dominicaine est relativement simple, en autant que vous ayez en votre possession les documents appropriés, comme votre acte de naissance, votre passeport et le certificat notarié de votre statut de célibataire. Bien que les mariages dominicains exigent une certaine planification, il est de plus en plus commun de voir des voyageurs exercer cette option. Pour de plus amples renseignements, visitez le www.debbiesdominicantravel.com/wedding.

10 Se divorcer

Un seul des mariés doit être présent pour procéder aux divorces dominicains « express », bien que les divorces par consentement mutuel soient plus communs que ceux contestés. L'idéal pour que tout se fasse en douceur consiste à trouver un avocat fiable. Visitez le www.ct-divorce.com.

Gauche **Parque Nacional del Este** Droite **Isla Catalina**

📖10 Visites et activités spéciales

1 Visite de la Zona Colonial

Bien que la marche soit le meilleur moyen de visiter Saint-Domingue, plusieurs voyageurs proposent des visites en autocar. Une des options qui remporte sa part de succès est la visite nocturne. Vous visiterez un bar, un restaurant ou, chose fréquente, la boîte de nuit Guácara Taína en compagnie d'un guide parlant anglais.

2 Visite de la péninsule de Samaná

Il peut être difficile de se rendre aux sites naturels de la péninsule de Samaná *(p. 100-105)* si vous ne savez où aller. Faites appel aux services d'un voyagiste local comme MS Tours

3 Visite de la côte septentrionale

Les plages situées à l'ouest de Puerto Plata ne sont pas facilement accessibles et le voyage jusqu'au site historique de La Isabela *(p. 18-19)* peut être ardu. Des voyagistes de la région de Puerto Plata organisent plusieurs visites sur la côte septentrionale de même que dans la ville de Puerto Plata *(p. 94-99).*

4 Excursion en jeep

Les excursions en jeep représentent une agréable solution pour découvrir les paysages de la République dominicaine, comme les petits villages, les chutes ou les lieux de baignade isolés. Des entreprises comme Bávaro Runners et Turinter organisent des visites et

viennent chercher des groupes à l'hôtel.

5 Tour d'hélicoptère

Un vol d'hélicoptère de 20 à 30 minutes au-dessus de spectaculaires paysages côtiers ou montagneux peut s'avérer une expérience inoubliable. Plusieurs entreprises, comme El Caballo Tours, proposent des vols pour 2 ou 3 passagers.

6 Observation d'oiseaux

La grande variété d'avifaune du pays saura plaire tant aux amateurs qu'aux connaisseurs, que ce soit par l'entremise d'opérateurs, comme Eagle-Eye Tours, qui proposent des excursions avec des spécialistes à la recherche d'oiseaux rares, ou simplement en observant les oiseaux colorés que l'on retrouve un peu partout.

7 Observation de baleines

La saison d'observation de baleines se déroule entre janvier et mars et a principalement lieu autour de la péninsule de Samaná, où il est possible de faire des expéditions en bateau. Caribbean Bikes fait partie des nombreuses entreprises qui organisent des excursions vous permettant d'observer des baleines enjouées.

8 Bicyclette

Le cyclisme représente sans doute le moyen le plus sain de sortir des sentiers battus et d'explorer

les régions rurales. Les experts de Mama Iguana et Caribbean Bikes sauront conseiller les cyclistes de tous âges et toutes catégories.

9 Plongée

Le pays possède plusieurs entreprises de plongée indépendantes ou affiliées à des hôtels. Dominican Diving Vacations s'avère un bon point de départ dans vos recherches.

10 Voyage de pêche

Vous pouvez facilement louer de petites embarcations de manière informelle à des plages comme Bayahibo ou Palmar de Ocoa. Pour les grandes parties de pêche à l'espadon ou à la bonite vous devrez communiquer avec un spécialiste par Internet.

Annuaire

Circuits locaux
• *www.turinter.com*
• *www.cocotours.com*
• *www.dominicantravel. com*
• *www.samana.net*

Activités
• *www.bavarorunners. com*
• *www. caribbeanbiketours.com*
• *www.elcaballotours. com*
• *www.eagle-eye.com*
• *www.iguanamama.com*

Renseignements généraux
• *www.dominican-diving. com*
• *www.charternet.com*

Centre de villégiature Barceló Bávaro, Playa Bávaro

TOP 10 Conseils pour se loger

1 Pourboires
Il est à votre discrétion mais coutumier de laisser des pourboires au personnel de l'hôtel. Donnez un dollar américain aux porteurs pour chaque valise transportée. En laissant un dollar américain par jour à la femme de chambre, vous remarquerez que des fleurs ont été mises sur la table ou que les serviettes ont été joliment disposées.

2 Situation
À Punta Cana, presque tous les hôtels sont des tout-inclus et on ne s'attend pas à ce que vous vous éloigniez trop du complexe, étant donné que vous êtes loin de tout. Si vous souhaitez explorer, les destinations de la côte septentrionale sont plus pratiques et le transport en commun, plus efficace.

3 Haute saison
Les réservations sont essentielles durant le congé de Pâques, lorsque les Dominicains prennent leurs vacances. Il y a une deuxième haute saison à Cabarete, du 15 juin au 15 septembre, lorsque les conditions pour la planche à voile sont idéales.

4 Tout-inclus
Punta Cana, Bayahibe et Bávaro, dans l'est, de même que Cofresí, Playa Dorada et d'autres centres de villégiature au la côte septentrionale règnent au sommet du monde des hôtels tout-inclus. La qualité et le service varient

mais, règle générale, vous recevez ce pour quoi vous avez payé. Les buffets deviennent vite monotones et les boissons alcoolisées se limitent aux marques nationales de rhum, de bière, et aux vins dilués des repas du soir. Tout le reste est un supplément. Recherchez les spéciaux, comparez les sports, les restaurants à la carte et le nombre de fois que vous pouvez manger à chaque endroit. Certains hôtels exigent que vous réserviez vos activités et vos repas quelques jours à l'avance.

5 Taxe hôtelière
Tous les hôtels facturent 22 % de plus que ce que les tarifs indiquent. Ce supplément comprend une taxe sur la valeur ajoutée de 16 % et une taxe de service de 10 %. Ces taxes sont sujettes à changement, selon la législation nationale. Les prix des chambres ne comprennent pas ces taxes.

6 Types d'hébergement
Vous trouverez à Saint-Domingue des hôtels modernes tenus par des entreprises étrangères et des hôtels-boutiques dans des manoirs coloniaux rénovés, sans compter les auberges et les hôtels-appartements bon marché. Des douzaines d'hôtels de plage et plusieurs hôtels moyens se trouvent sur les côtes est et septentrionale. De confortables auberges et maisons d'hôtes sont également établies dans

les montagnes. Il y a moins de variété dans l'Ouest.

7 Personnes souffrant d'un handicap
Très peu d'hôtels sont munis d'infrastructures adaptées. Étant donné l'absence de législation nationale à cet égard, il est préférable de fréquenter les hôtels internationaux qui maintiennent leurs standards partout à travers le monde *(p. 126)*.

8 Climatisation
La plupart des hôtels de qualité sont climatisés et possèdent leur propre générateur en cas de besoin. Les plus petits hôtels ont souvent des pannes de courant mais possèdent des ventilateurs de plafond ou sur pied.

9 Langues
Les employés des hôtels de la capitale et des centres de villégiature parlent normalement anglais et une autre langue européenne. Dans les endroits plus éloignés, ce n'est pas le cas. Quelques phrases en espagnol *(p. 142)* vous aideront à organiser des excursions et à réserver des hôtels.

9 Réservations
Il est recommandable de réserver au moins les premières nuitées de votre séjour à l'avance, bien qu'il soit possible de voyager sans réservation durant la basse saison.

La haute saison commence le 15 décembre et se termine le 15 avril. Les tarifs hôteliers sont plus élevés durant cette période.

Wilson's Beach House, plage Cabarete

Catégories de prix

Pour un repas trois services pour une personne, une bière et tous les frais inévitables, dont les taxes

$	Moins de $10
$$	$10–$20
$$$	$20–$30
$$$$	$30–$40
$$$$$	Plus de $40

TOP 10 Hôtels bon marché

1 Aída, Saint-Domingue

Hôtel familial et sympathique situé au-dessus d'un magasin de musique au cœur de la zone commerciale de la vieille ville. Les chambres sont simples mais propres et fonctionnelles. Celles avec un balcon possèdent un ventilateur. D'autres n'ont pas de fenêtres mais sont climatisées. Réservez à l'avance car l'hôtel est souvent plein. ◊ Carte N5 • El Conde 464/ Espaillat • 685 7692 • Non fumeur • $.

2 Independencia, Saint-Domingue

Hôtel bon marché bien situé, près du Parque Independencia. Les chambres sont propres et ont du savon et des serviettes. Certaines chambres n'ont pas de fenêtre. Le seul bémol est la présence d'un bar bruyant, apparemment ouvert toute la nuit. Des objets d'art y sont parfois exposés et une école de langues se situe juste en face. ◊ Carte M6 • Estrella/Arzobispo Nouel • 686 1663 • Pas de climatisation • $.

3 Duque de Wellington, Saint-Domingue

Hôtel situé dans le plaisant quartier résidentiel de Gazcue, à l'est de la Zona Colonial. Chambres bon marché avec réfrigérateur et téléviseur. Bar et restaurant. ◊ Carte M3 • Av. Independencia 304, Gazcue • 682 4525 • $$.

4 Mi Casa, Constanza

Bon emplacement, à proximité des transports, des boutiques et des restaurants. Présence dans l'hôtel d'un comedor qui sert des plats régionaux. ◊ Carte C3 • Luperón y Sánchez • 539 2764 • $.

5 Brisas del Yaque, Jarabacoa

Excellent rapport qualité-prix. Les chambres sont petites mais le mobilier est en bon état. Les chambres ont un petit balcon, un téléviseur et sont climatisées. L'hôtel n'a pas de restaurant mais est situé à proximité de tous les bars, cafés et restaurants. ◊ Carte C3 • Luperón/Peregrina Herrera • 574 4490 • $.

6 Colonial, Saint-Domingue

Les chambres sont petites mais bien aménagées : climatisation, belle salle de bain avec eau chaude, réfrigérateur et téléviseur. Le personnel est sympathique. ◊ Carte K2 • Av. Salvador Cucurullo 115 • 247 3122 • $.

7 Wilson's Beach House, Cabarete

Populaire auprès des véliplanchistes, qui peuvent y apporter et entreposer leur matériel. En haut se trouvent quatre chambres avec salle de bain, un salon commun à partager, de même qu'un réfrigérateur et un grand balcon. En bas, il y a un appartement de trois chambres. Électricité et eau chaude alimentés par énergie solaire. ◊ Carte D1 • Cabarete Beach • 571 0733 • $$$ • www.wilsonsbeachhouse.com.

8 Docia, Samaná

Cette auberge surplombe La Churcha et possède une vue sur la baie et les digues. Les chambres, avec salle de bains privée, eau chaude et ventilateur, sont simples. La cuisine et le barbecue sont à votre disposition. ◊ Carte F2 • 538 2041 • Pas de climatisation • $.

9 Fata Morgana, Samaná

Situé loin des sentiers battus, cet endroit silencieux et paisible est populaire auprès des grands voyageurs autonomes et des voyageurs à budget limité. Chaque chambre, pourvue d'une salle bain, accueille jusqu'à quatre personnes. La cuisine et le barbecue sont à votre disposition. ◊ Carte F2 • Fabio Abreu, près de l'école de français • 836 5541 • Pas de climatisation • $.

10 Hotel Bayahibe, Bayahibe

Cet hôtel est situé près de la plage, de quelques restaurants et boutiques de plongée. La plupart des chambres peuvent accueillir quatre personnes et contiennent un ou deux lits, un téléviseur, un réfrigérateur, une cuisinette, la climatisation ou un ventilateur, et un balcon. Poste Internet au lobby. ◊ Carte G4 • Calle Principal • 833 0159.

Pour de plus amples renseignements voir p. 116.

129

Cabana Elke, Bayahibe

TOP 10 Meublés

1 Cayo Arena, Monte Cristi

Petit complexe de deux appartements avec deux chambres sur le bord de la mer. Les cuisines et les salles de bain sont rudimentaires mais fonctionnelles. Le complexe comprend une petite piscine et un bar. ◈ *Carte A1 • Playa Juan de Bolaños • 579 3145 • $$$.*

2 Haciendas El Choco, Sosúa

Cet endroit se divise en confortables villas avec piscine privée, jardin tropical et véranda chapeautée d'un toit de chaume. Tous les services sont offerts, dont la servante, le jardinier et l'entretien de la piscine. ◈ *Carte D1 • Carretera El Choco • 571 2932 • $$$$$ • www.elchoco.com*

3 Palm Beach Condos, Cabarete

Ces spacieux condos de bord de mer appartiennent à des particuliers, sont décorés individuellement et se trouvent à proximité de plusieurs plages et bars de Cabarete. ◈ *Carte D1 • 571 0758 • $$$$ • www.cabaretecondos.com*

4 Bahía de Arena, Cabarete

Ensemble de villas et d'appartements situés dans la banlieue de Cabarete, près des boutiques et des restaurants. Il existe une aire commune avec piscine, bain tourbillon, court de tennis, dépanneur et un restaurant suisse. ◈ *Carte D1 • 571 0370 • $$$$ • www.cabaretevillas.com*

5 Velero Beach Resort, Cabarete

Hôtel des plus luxueux de Cabarete, offrant toute une gamme de services. Des chambres et des suites peuvent être combinées pour former un appartement avec cuisine complète et grand salon. Vue sur la mer. Bon rabais en basse saison. ◈ *Carte D1 • Calle La Punta 1 • 571 9727 • $$$$ • www.velerobeach.com*

6 Aparthotel Caracol, Cabarete

Hôtel de 50 chambres avec studios et appartements, tous avec cuisinette. Sa cour, son comptoir de crème glacée et ses services de garderie en font un endroit idéal pour les familles. L'école de surf cerf-volant et la leçon gratuite comprise dans le tarif attirent des adeptes de ce sport. ◈ *Carte D1 • 571 0680 • $$$ • www.hotelcaracol.com*

7 Plaza Lusitania, Samaná

Sis au centre du village de Las Galeras, les suites et les appartements sont situés au-dessus de boutiques entourant une cour intérieure. Les logements sont spacieux, climatisés, munis de ventilateurs et de planchers de céramique. Les appartements comprennent un sofa-lit dans le salon. Les suites sont de grandes chambres avec boudoir, cuisinette et salle de bain. ◈ *Carte F2 • Plaza Lusitania, Las Galeras • 538 0093 • $$$$ • www.plazalusitania.com*

8 Playa Colibrí, Las Terrenas

Un des plus grands complexes de studios et d'appartements avec une ou deux chambres, une piscine, un bain tourbillon et du stationnement. Il est possible de marchander le tarif quotidien, hebdomadaire ou mensuel. ◈ *Carte F2 Francisco Caamaño Deñó • 240 6434 • PC • $$$ • www.playacolibri.com*

9 Bella Vista Condos, Boca Chica

Ce superbe complexe de condos modernes offre le stationnement et la sécurité 24/24. Chaque condo compte deux chambres à coucher et deux salles de bain. Mobilier confortable, carrelage, climatisation et ventilateurs. Le tarif mensuel représente une bonne affaire. ◈ *Carte F4 523 6070 • $$$.*

10 Cabana Elke, Bayahibe

Appartements-studios dans un petit hôtel derrière le tout-inclus Wyndham Dominicus Beach Resort *(p. 133)*, où vous pouvez vous procurer une passe d'un jour pour utiliser les infrastructures, dont les restaurants et les bars. ◈ *Carte G4 • Playa Dominicus • 689 8249 • $$$ • www.viwi.it*

Mode d'emploi

La plupart des hôtels possèdent un site Web et une adresse électronique pour que vous puissiez réserver via Internet.

Sofitel Nicolás de Ovando, Saint-Domingue

⑩ Hôtels de centre-ville

1 Sofitel Nicolás de Ovando, Saint-Domingue

Manoir historique restauré datant du XVIᵉ s., aux murs de pierres massives et aux plafonds élevés. Vous pourrez profiter de la piscine surplombant le Rio Ozama, du centre d'entraînement ultra moderne et du restaurant gastronomique. ℘ Carte P5 • Calle Las Damas • 685 9955 • AH • $$$$$ • www.sofitel.com

2 Sofitel Francés, Saint-Domingue

Petit hôtel sis dans un manoir colonial rénové, avec cour intérieure centrale et restaurant français. Les chambres sont élégantes et confortables. Petit-déjeuner formule buffet. Taxes et service inclus dans les tarifs. ℘ Carte P5 • Las Mercedes/ Arzobispo Meriño • 685 9331 • AH • $$$$$.

3 Courtyard by Marriott, Saint-Domingue

Chambres et service excellents. Bon rapport qualité-prix, petit-déjeuner inclus. Accès Internet gratuit dans le lobby. Centre d'entraînement, buanderie libre-service, piscine, restaurant et service de livraison d'autres restaurants. ℘ Carte L3 • Av. Máximo Gómez 50-A • 685 1010 • AH • $$$$.

4 Meliá Santo Domingo

Hôtel de la chaîne internationale Sol Meliá offrant des chambres et des suites pour voyageurs d'affaires et vacanciers. Accès facile à des services de transport. ℘ Carte M4 • Av. George Washington 365, Saint-Domingue • 221 6666 • AH • $$$$ • www.solmelia.com.

5 Renaissance Jaragua Hotel & Casino, Saint-Domingue

L'un des hôtels de prédilection des voyageurs d'affaires, avec chambres et services de communications respectant les standards modernes. Les loisirs et les activités nocturnes attirent autant les Dominicains que les étrangers. ℘ Carte M4 • Av. George Washington 365 • 221 2222 • AH • $$$$ • www.marriott.com

6 Hostal Nicolás Nader, Saint-Domingue

Ce manoir colonial construit en 1502 est maintenant une petite auberge charmante tenue par la famille Nader, qui possède aussi des galeries d'art. Les murs sont ornés d'art moderne et tout le mobilier et les décorations sont artistiques et élégants. Des musiciens jouent souvent sur place les week-ends. ℘ Carte N5 • Duarte/ General Luperón • 687 6674 • $$$$ • www.naderenterprises.com/ hostal

7 Mercure Comercial, Saint-Domingue

Les tarifs de cet hôtel du XXᵉ s. comprennent le petit-déjeuner formule buffet, les taxes et le service. Accès Internet et téléphone, idéal pour voyageurs d'affaires. ℘ Carte N5 • El Conde/ Hostos • 688 5500 • AH • $$$.

8 El Beaterio, Saint-Domingue

Auberge sise dans une résidence rénovée avec patio et terrasse sur le toit. Arrangement de transport à l'aéroport. Petit-déjeuner inclus. ℘ Carte N6 • Duarte 8 • 687 8657 • $$.

9 Aloha Sol, Santiago de los Caballeros

Chambres et suites avec climatisation et téléviseur. Bon service et restaurant sur place. Petit-déjeuner inclus. ℘ Carte C2 • Calle del Sol 150 • 583 0090 • AH • $$$.

10 Hodelpa Gran Almirante Hotel & Casino, Santiago de los Caballeros

Hôtel populaire auprès des voyageurs d'affaires. Chambres avec mini-bar et accès Internet. Piscine et deux restaurants espagnols. ℘ Carte C2 • Av. Estrella Sadhalá 10, Los Jardines • 580 1992 • AH• $$$ • www.hodelpa.com

Mode d'emploi

➜ Pour de plus amples renseignements sur le Courtyard de Marriott, ou pour faire une réservation en ligne, visitez le **www.marriott.com/SDQCY**

Gauche **Rancho Baiguate, Jarabacoa** Droite **Casa Bonita, Barahona**

TOP 10 Hôtels ruraux

1 Hotel Rancho Constanza & Cabañas de la Montaña, Constanza

Hôtel moderne de style alpin. Villas pour familles, avec chambres et toilettes. Restaurant, aire de jeu, terrains de volley-ball et basket-ball. Le personnel peut réserver pour vous des activités sportives en montagne. ◉ *Carte C3 • Calle San Francisco de Macorís 99, Sector Don Bosco • 539 3268 • PC • $$$ • www.ranchoconstanza.com*

2 Alto Cerro

Type d'hébergement allant du camping aux villas indépendantes. Le restaurant propose des viandes et fruits et légumes de la région. Possibilité de réservation pour équitation et excursions en quatre-roues. ◉ *Carte C3 • Est de Constanza, en direction de Colonia Kennedy • 539 1429 • PC • $$$.*

3 Mi Cabaña, Constanza

Complexe de maisons de ville avec cuisinette pouvant accueillir chacune quatre personnes. Le petit-déjeuner est inclus mais il n'y a aucun restaurant. Piscine, bar et terrain de volley-ball. ◉ *Carte C3 • Carretera Gen Antonio Duvergé, Colonia Japonesa • 539 2930 • PC • $$$.*

4 Rancho Baiguate, Jarabacoa

Cet endroit est reconnu pour ses activités de plein air comme le rafting, la descente en chambre à air, la randonnée pédestre et l'équitation. Le prix des chambres, de même que leurs dimensions, varient. Tous les repas sont inclus mais il n'y a pas de téléviseur, de climatisation ou d'autres commodités. ◉ *Carte C3 • La Joya • 574 4940 • PC • $$$ • www.ranchobaiguate.com*

5 Pinar Dorado, Jarabacoa

Simple bloc de chambres d'hôtel situé dans un agréable jardin entouré de pins et pourvu d'une piscine. Chambres confortables mais pas exceptionnelles, avec climatisation et télévision. Petits-déjeuner, déjeuner et dîner en formule buffet et formule de repas disponible. ◉ *Carte C3 • Carretera a Constanza, 1km • 574 2820 • $$$.*

6 Gran Jimenoa, Jarabacoa

Situé à l'extérieur de la ville, sur le bord du charmant Río Jimenoa. Les chambres ne sont pas élaborées mais confortables, avec télévision. Les tarifs incluent petits-déjeuners et taxes. ◉ *Carte C3 • Av. la Confluencia, Los Corralitos • 574 6304 • $$ • www.granjimenoa.com*

7 California, Jarabacoa

Ce petit hôtel familial propose des chambres simples avec ventilateur, toutes situées au rez-de-chaussée, près du patio central et de la piscine. Les petits-déjeuners coûtent 5 $, les autres mets de *comida criolla* sont disponibles sur demande. Possibilités de réservation d'activités locales. ◉ *Carte C3 • Calle José Durán E 99 • 574 6255 • PC• $.*

8 Blue Moon Retreat, Cabarete

Ensemble de quatre bungalows comprenant quatre suites à décoration personnalisée, une suite familiale et deux appartements de deux chambres avec cuisine. Petit-déjeuner inclus et restaurant indien. ◉ *Carte D1 • Los Brazos • 223 0614 • $$-$$$ • www.bluemoonretreat.net*

9 Casa Bonita, Barahona

Les chambres de ces bungalows sont équipées de ventilateurs et de climatisation mais ne possèdent pas de téléphone ou de télévision. Le restaurant est bon mais plutôt dispendieux (p. 113). ◉ *Carte B5 • Carretera de la Costa, km 16 • 696 0215 • $$$ • www.casabonitadr.com*

10 Aquarius, Bonao

Les chambres et les suites de cet hôtel offrent des services de communication modernes et sont conçues aussi bien pour les voyageurs d'affaires que pour les vacanciers. Restaurant, petit bar et bar-salon. ◉ *Carte H4 • Calle Duarte 104 • 296 2898 • AH• $$$$$ • www.aquariusbonao.com*

Mode d'emploi

 L'hôtel Aquarius peut réserver des tours en bateau, des circuits dans des grottes, des descentes de rivières et des journées d'équitation.

Catégories de prix

Pour un repas trois services pour une personne, une bière et tous les frais inévitables, dont les taxes	**$** Moins de $10
	$$ $10–$20
	$$$ $20–$30
	$$$$ $30–$40
	$$$$$ Plus de $40

Atlantis, Las Terrenas

🔟 Hôtels de plage

1 Sosúa-by-the-Sea

Cet agréable hôtel vous offre la formule tout-inclus ou la chambre seulement. Les chambres sont propres, climatisées et ordonnées, avec piscine commune. Le Northern Coast Diving se trouve à proximité et offre des excursions et des cours de plongée autonome. ◎ Carte D1
• Sosúa • 571 3222 • $$$
• www.sosuabythesea.com

2 Kitebeach, Cabarete

Ce paradis des surfeurs cerf-volistes offre des forfaits comprenant des cours de surf cerf-volant ainsi que des services d'entreposage, de réparation et de nettoyage d'équipement. Choix de chambres bon marché ou de qualité supérieure, de suites ou d'appartements climatisés. Négociez le tarif lors de long séjour. Petit-déjeuner formule buffet inclus et accès Internet gratuit. ◎ Carte D1
• 571 0878 • Paiement comptant seulement • $$$$$
• www.kitebeachhotel.com

3 Villa Taína, Cabarete

Vous pouvez vous asseoir à l'un des restaurants de plage et regarder pratiquer les véliplanchistes de l'école d'à côté. Une petite balade le long de la plage vous mènera à plusieurs restaurants, bars et boîtes de nuit de Cabarete. Les chambres sont climatisées et possèdent un balcon ou une terrasse. Petit-déjeuner inclus. ◎ Carte D1 • Calle Principal • 571 0722 • $$$

• www.villataina.com

4 Windsurf Resort, Cabarete

Hôtel-appartement avec chambres confortables, cuisinettes, piscine commune et restaurant italien. Des kayaks, voiliers et planches à voile sont à votre disposition gratuitement. ◎ Carte D1 • 571 0718 • $$$ • www.windsurfcabarete.com

5 Bahía Blanca, Rio San Juan

Cet endroit est magnifique pour admirer les nuances turquoises de la mer, si claire que vous pouvez voir les coraux. Les chambres sont simples et propres, avec les services de base. Formule de repas disponible. ◎ Carte E1 • Gastón F. Deligne 9 • 598 2528 • $
• bahia.blanca@verizon.net.do

6 Villa Serena, Las Galeras

Les chambres sont bien décorées, impeccables et comprennent un ventilateur de plafond et la climatisation. Le restaurant propose de la cuisine gastronomique (p. 104). ◎ Carte F2 • 538 0000 • $$$$ • www.villaserena.com

7 Atlantis, Las Terrenas

Cet hôtel est reconnu pour sa cuisine française. Les chambres sont grandes et confortables, avec salle de bain en marbre ; certaines sont climatisées. ◎ Carte F2 • Mittérand, Playa Bonita • 240 6111 • $$$ • www.atlantisbeachhotel.com

8 Barceló Bávaro Beach Resort

Tout-inclus comprenant cinq hôtels. Parcours de golf, casino 24h, café Internet, boutiques et centre de congrès. Un petit tram assure le déplacement de clients sur la propriété. ◎ Carte H4 Playa Bávaro 686 5797 • AH • $$$$$
• www.barcelo.com

9 Wyndham Dominicus Palace/ Beach, Bayahibe

Deux hôtels tout-inclus pour le prix d'un. Le Palace est supérieur et plus dispendieux, mais partage la plage privée du Beach. Il y a plusieurs restaurants – vous devez réserver deux jours à l'avance pour ceux à la carte –, bars et discothèques, un théâtre, un club pour enfants, des parties de soccer et des excursions organisées. ◎ Carte G4 Playa Dominicus
• 687 8583 • AH • $$$$
• www.vivaresorts.com

10 Gran Bahía, Samaná

Hôtel tout-inclus, plus élégant que la plupart des centres de villégiature dominicains. Le service est bon et il existe plusieurs installations, dont un parcours de golf de 9 trous et un centre d'équitation. Possibilité de réserver des tours de bateau et des excursions d'observation de baleines. ◎ Carte F2
• Carretera a Las Galeras
• 538 3111 • AH
• $$$$$

➤ Appelez le centre **Northern Coast Diving** au 571 1028 pour de plus amples renseignements sur les excursions et la plongée autonome.

133

Index général

*Les chiffres en **gras** renvoient aux articles principaux*

Remerciements

L'auteur
James Ferguson est un écrivain et éditeur qui se spécialise dans les Caraïbes depuis 20 ans. Il a écrit des ouvrages sur Haïti, sur la République dominicaine de même que sur la Grenade et participe régulièrement à la revue *Caribbean Beat*.

Photographe John Spaull

Photographies supplémentaires
Deni Brown, Andy Crawford, Eric Crichton, Ken Findlay, Derek Hall, Colin Keates, Richard Leeney, David Murray, Rob Reichenfeld, Tim Ridley, Lucio Rossi, Jules Selmes, Clive Streeter, Debi Treloar, Jerry Young.

Crédits cartographiques
Les cartes de la République dominicaine et de Saint-Domingue sont basées sur celles de Netmaps, www.netmaps.es

CHEZ DK INDIA
Direction de la rédaction Aruna Ghose
Chef du service de photo Benu Joshi
Direction du projet Vandana Bhagra
Assistance à la rédaction Pamposh Raina
Conception du projet Baishakhee Sengupta, Divya Saxena
Direction de la cartographie Uma Bhattacharya
Cartographie Alok Pathak
Iconographie Taiyaba Khatoon
Vérification des faits Griselda Gonzalez
Indexation et révision Bhavna Seth Ranjan
Coordination PAO Shailesh Sharma
Conception PAO Vinod Harish

CHEZ DK LONDON
Éditeur Douglas Amrine
Direction de l'édition Vicki Ingle
Gestion du service de photo Jane Ewart
Direction de la cartographie Casper Morris
Direction de la conception PAO Jason Little
Documentation iconographique de DK Romaine Werblow, Hayley Smith, Gemma Woodward
Production Shane Higgins
Assistance–rédaction et conception Sonal Bhatt, Anna Fraberger, Marianne Petrou, Leah Tether, Ros Walford

CHEZ LIBRE EXPRESSION
Traduction Étienne Duhamel

Crédits photographiques
h = en haut ; hg = en haut à gauche ; hcg = en haut au centre à gauche ; hc = en haut au centre ; hd = en haut à droite ; cgh = au centre à gauche en haut ; ch = au centre en haut ; cdh = au centre à droite en haut ; cg = au centre à gauche ; c = au centre ; cd = au centre à droite ; cgb = au centre gauche en bas ; cb = au centre en bas ; cdb = au centre à droite en bas ; bg = en bas à gauche ; b = en bas ; bc = en bas au centre ; bcg = en bas au centre à gauche ; bd = en bas à droite ; d = détail.

Malgré le soin apporté à dresser la liste des photographies publiées, nous demandons à ceux qui auraient été involontairement omis de bien vouloir nous en excuser. Cette erreur sera corrigée à la prochaine édition de l'ouvrage.

L'éditeur souhaite également remercier les établissements suivants pour leur assistance et pour nous avoir permis de prendre des photographies :
Acuario Nacional ; Adrian Tropical ; Aguaceros ; Atlantis ; Baoruco Beach Resort ; Barceló Bávaro Beach Resort ; Brisas del Caribe ; Rhumerie Brugal ; Cabana Elke ; Café Cito ; Casa Bonita ; Casa de Campo ; Columbus Aquapark ; Crazy Moon ; Hemingway's Café ; Hodelpa Gran Almirante Hotel & Casino ; Jet Set ; José Orshay's Irish Beach Club ; La Casa del Pescador ; La Isabela ; La Résidence ; Las Brisas ; Las Salinas ; Le Café de Paris ; Librería Thesaurus ; Mesón de la Cava ; Museo de Arte ; Museo Larimar ; Museo del Hombre Dominicano ; Museo Prehispánico ; Musée du Parque Nacional Histórico La Isabela ; On the Waterfront ; Paradise Resort ; Rancho Baiguate ; Sam's Bar & Grill ; Sofitel Nicolás de Ovando ; Tropical Lodge ; Vesuvio ; Wilson's Beach House.

L'éditeur exprime sa reconnaissance aux particuliers, sociétés et bibliothèques qui ont autorisé la reproduction de leurs photographies.
RICHARD AMMON (GLOBAL GAYZ) : 75hd.

CASA DE CAMPO : 24cgh, 25hg, 25hd, 25cd, 25cb.

CORBIS : 31hd ; Tony Aruza 7bg, 8-9c, 24-25c, 27cdh ; Tom Bean 37hd, 16-17c, 50c, 50hd, 78-79, 100h ; Bettmann 30hd, 31hg ; Richard Bickel 12-13c, 110hc, 106-107, Duomo 39hd ; Reinhard Eisele 68-69 ; Macduff Everton 23hg, 38bg ; Franz-Marc Frel 6cg, 14-15c, 20-21c ; Jeremy Horner 10-11c ; Patrick Johns 65bg ; Danny Lehman 7cg, 22bd, 51bg, 114-115 ; Massimo Listri 28-29 ; Ludovic Maisant 49hd, 53hd ; Douglas Peebles 64hg ; Giraud Philippe 38hd ; Carl & Ann Purcell 92-93 ; Joel W. Rogers 2hg, 4-5 ; Kevin Schafer 64c, 64hg ; Jim Sugar 18cgb ; Nevada Wier 111bg.

CLARA GONZALEZ
www.DominicanCooking.com : 63bg

WILSON'S BEACH HOUSE : 129 hg

Toutes les autres illustrations © Dorling Kindersley. Pour de plus amples renseignements : www.dkimages.com

Guide-vocabulaire

En cas d'urgence

Au secours!	**¡Socorro!**
Arrêtez!	**¡Pare!**
Appelez un médecin!	**¡Llame un médico!**
Appelez l'ambulance!	**¡Llame una ambulancia!**
Appelez les pompiers!	**¡Llame a los bomberos!**
le policier	**el policía**

Communication de base

Oui	**Sí**
Non	**No**
S'il vous plaît	**Por favor**
Merci	**Gracias**
Pardon	**Perdone**
Allô	**Hola**
Ciao	**Chau**
Au revoir	**Adiós**
Quoi?	**¿Qué?**
Quand?	**¿Cuándo?**
Pourquoi?	**¿Por qué?**
Où?	**¿Dónde?**
Comment allez-vous?	**¿Cómo está usted?**
Très bien, merci	**Muy bien, gracias**
Enchanté(e)	**Mucho gusto**
À bientôt	**Hasta pronto**
Je regrette	**Lo siento**

Phrases utiles

C'est bien	**Está bien**
Super!	**¡Qué bien!**
Où est/sont...?	**¿Dónde está/están...?**
Quelle distance y a-t-il d'ici à ...?	**¿Cuántos metros/ kilómetros hay de aquí a...?**
Par où va-t-on à...?	**¿Por dónde se va a...?**
Parlez-vous français?	**¿Habla francés?**
Je ne comprends pas	**No comprendo**
Je voudrais/J'aimerais	**Quisiera/Me gustaría**

Mots utiles

grand(e)	**grande**
petit(e)	**pequeño/a**
chaud(e)	**caliente**
froid(e)	**frío/a**
bon(ne)	**bueno/a**
méchant(e), mauvais(e)	**malo/a**
ouvert(e)	**abierto/a**
fermé(e)	**cerrado/a**
plein(e)	**lleno/a**
vide	**vacío/a**
gauche	**izquierda**
droite	**derecha**
(continuez) tout droit	**(siga) derecho**
près	**cerca**
loin	**lejos**
plus	**más**
moins	**menos**
entrée	**entrada**
sortie	**salida**
l'ascenseur	**el ascensor**
toilettes	**baños/servicios**
des femmes	**de damas**
des hommes	**de caballeros**

Au bureau de poste et à la banque

Où puis-je changer de l'argent?	**¿Dónde puedo cambiar dinero?**
Combien ça coûte envoyer une lettre à...?	**¿Cuánto cuesta enviar una carta a...?**
J'ai besoin de timbres	**Necesito estampillas**

Magasinage

Combien coûte ceci?	**¿Cuánto cuesta esto?**
J'aimerais...	**Me gustaría...**
Avez-vous (s/p)?	**¿Tiene/Tienen?**
Acceptez-vous les cartes de crédit/chèques de voyage?	**¿Aceptan tarjetas de crédito/cheques de viajero?**
Je cherche...	**Estoy buscando...**
cher	**caro**
bon marché	**barato**
blanc	**blanco**
noir	**negro**
rouge	**rojo**
jaune	**amarillo**
vert	**verde**
bleu	**azul**
l'antiquaire	**la tienda de antigüedades**
la boulangerie	**la panadería**
la banque	**el banco**
la librairie	**la librería**
la boucherie	**la carnicería**
la pâtisserie	**la pastelería**
la bijouterie	**la joyería**
le marché	**el tianguis/mercado**
le kiosque à journaux	**el kiosko de prensa**
le bureau de poste	**la oficina de correos**
le magasin de chaussures	**la zapatería**

le supermarché	**el supermercado**
l'agence de voyages	**la agencia de viajes**

Transport

À quelle heure part le...?	**¿A qué hora sale el...?**
Où est l'arrêt d'autobus?	**¿Dónde está la parada de buses?**
Y a-t-il un autobus/train qui va a...?	**¿Hay un camión/ tren a...?**
le quai	**el andén**
la billetterie	**la taquilla**
un billet aller-retour	**un boleto de ida y vuelta**
un billet aller seulement	**un boleto de ida solamente**
l'aéroport	**el aeropuerto**

Visites

le musée d'art	**el museo de arte**
la plage	**la playa**
la cathédrale	**la catedral**
l'église/la basilique	**la iglesia/la basílica**
le jardin	**el jardín**
le musée	**el museo**
les ruines	**las ruinas**
l'office de tourisme	**la oficina de turismo**
l'entrée	**la entrada**
le/la guide (personne)	**el/la guía**
le guide (livre)	**la guía**
la carte	**el mapa**
arrêt de taxi	**sitios de taxis**

À l'hôtel

Avez-vous une chambre libre?	**¿Tienen una habitación libre?**
chambre double	**habitación doble**
chambre simple	**habitación sencilla**
chambre avec salle de bain	**habitación con baño**
la douche	**la ducha**
j'ai une chambre réservée	**tengo una habitación reservada**
la clé	**la llave**

Au restaurant

Avez-vous une table pour...?	**¿Tienen una mesa para...?**
Je voudrais réserver une table	**Quisiera reservar una mesa**
L'addition, s'il vous plaît	**La cuenta, por favor**
Je suis végétarien(ne)	**Soy vegetariono/a**
Serveur/serveuse	**mesero/a**

le menu	**la carta**
la carte des vins	**la carta de vinos**
un verre	**un vaso**
une bouteille	**una botella**
un couteau	**un cuchillo**
une fourchette	**un tenedor**
une cuillère	**una cuchara**
déjeuner	**desayuno**
dîner	**comida**
souper	**cena**
le plat principal	**el plato fuerte**
les entrées	**las entradas**
le plat du jour	**el plato del día**
le pourboire	**la propina**
Le service est-il compris?	**¿El servicio está incluido?**

Décodeur de menu

el aceite	**l'huile**
las aceitunas	**les olives**
el agua mineral	**l'eau minérale**
sin gas/con gas	**plate/gazeuse**
el ajo	**l'ail**
el arroz	**le riz**
el azúcar	**le sucre**
la banana	**la banane**
una bebida	**une boisson**
el café	**le café**
la carne	**la viande**
la cebolla	**l'oignon**
la cerveza	**la bière**
el cerdo	**le porc**
el chocolate	**le chocolat**
la ensalada	**la salade**
la fruta	**le fruit**
el helado	**la crème glacée**
el huevo	**l'œuf**
el jugo	**le jus**
la langosta	**le homard**
la leche	**le lait**
la mantequilla	**le beurre**
la manzana	**la pomme**
los mariscos	**les fruits de mer**
la naranja	**l'orange**
el pan	**le pain**
las papas	**las pommes de terre**
el pescado	**le poisson**
picante	**piquant**
la pimienta	**le poivre**
el pollo	**le poulet**
el postre	**le dessert**

el queso	**le fromage**	vingt	**veinte**
el refresco	**la boisson gazeuse**	vingt et un	**veintiuno**
la sal	**le sel**	vingt-deux	**veintidós**
la salsa	**la sauce**	trente	**treinta**
la sopa	**la soupe**	trente et un	**treinta y uno**
el té	**la tisane**	quarante	**cuarenta**
el té negro	**le thé**	cinquante	**cincuenta**
la torta	**le sandwich**	soixante	**sesenta**
las tostadas	**les rôties**	soixante-dix	**setenta**
el vinagre	**le vinaigre**	quatre-vingts	**ochenta**
el vino blanco	**le vin blanc**	quatre-vingt-dix	**noventa**
el vino tinto	**le vin rouge**	cent	**cien**
		cent un	**ciento uno**

Numéros

		cent deux	**ciento dos**
zéro	**cero**	deux cents	**doscientos**
un	**uno**	cinq cents	**quinientos**
deux	**dos**	sept cents	**setecientos**
trois	**tres**	neuf cents	**novecientos**
quatre	**cuatro**	mille	**mil**
cinq	**cinco**	mille un	**mil uno**
six	**seis**		
sept	**siete**		

Temps

huit	**ocho**	une minute	**un minuto**
neuf	**nueve**	une heure	**una hora**
dix	**diez**	une demi-heure	**media hora**
onze	**once**	une heure trente	**la una y media**
douze	**doce**	lundi	**lunes**
treize	**trece**	mardi	**martes**
quatorze	**catorce**	mercredi	**miércoles**
quinze	**quince**	jeudi	**jueves**
seize	**dieciséis**	vendredi	**viernes**
dix-sept	**diecisiete**	samedi	**sábado**
dix-huit	**dieciocho**	dimanche	**domingo**
dix-neuf	**diecinueve**		